1 MONTH OF
FREE
READING

at

www.ForgottenBooks.com

By purchasing this book you are eligible for one month membership to ForgottenBooks.com, giving you unlimited access to our entire collection of over 1,000,000 titles via our web site and mobile apps.

To claim your free month visit:
www.forgottenbooks.com/free1210536

ISBN 978-0-331-96031-0
PIBN 11210536

SPANISH
TAUGHT IN SPANISH

A TEXTBOOK FOR
LEARNING SPANISH IN THE EASIEST
AND MOST PRACTICAL MANNER

By

C. F. McHALE

B. Ph. University of Chile, Graduate Master of the Institute
of Pedagogy of Chile, Director of Instruction of the
Centro Internacional de Enseñanza of Madrid
Spanish Instructor of the National
City Bank of New York

HOUGHTON MIFFLIN COMPANY
BOSTON   NEW YORK   CHICAGO
The Riverside Press Cambridge

The Riverside Press
CAMBRIDGE . MASSACHUSETTS
U . S . A

PREFACE

THE rapid increase of the commercial intercourse between the United States and the Spanish American countries has considerably enhanced the importance of Spanish, and the teaching and study of this language is at last beginning to receive the attention to which it is entitled.

Spanish Taught in Spanish has been prepared to answer the great demand that has arisen in recent years for a book which can advantageously be used by beginners of all ages.

The plan followed by the author has as a foundation the soundest psychological and pedagogical principles and is in absolute accordance with the most recent advances in the methods of modern language teaching.

The chief purposes of the book are the following:

1. To give the student, in a relatively short time, a splendid foundation for self-advancement.
2. To make the study of Spanish easy and practical.
3. To enable the student to learn *the language*, rather than the rules that govern it.

The book is adaptable to any method of teaching and good results will always be obtained if studied systematically. As many persons will use it without the aid of a teacher, the author thinks it is necessary to explain his plan.

The acquisition of a good pronunciation from the very outset is of the greatest importance. In order to train the student's ear and to accustom him to the characteristic sounds and proper intonation of the Spanish language, there are at the beginning of the book twelve pages on pronunciation and accentuation. The student must read these pages carefully and recite the words in an even, distinct manner, which is the characteristic of the Spanish enunciation.

The lessons are carefully graded, and the beginner will find no difficulty if he bears in mind that he must not start the study of a new lesson before thoroughly knowing the preceding one.

After overcoming the very few difficulties of the Spanish pronunciation and accentuation, the student will be able to study the first lesson and read it aloud correctly. The meaning of the words will be learned, when in a class, by following the teacher's explanations, and when studying alone, by means of the Vocabulary at the end of the book.

Some students will perhaps think that grammar has not been given due importance. But a language is not learned through grammar; it is merely perfected through grammar. Languages are acquired and mastered through *practice*.

The author's aim has been to avoid everything unnecessary and not to burden the student's mind with those long rules and lists of exceptions which make the study of a language so difficult and unprofitable.

Through the observation of a number of ever-recurring facts, the beginner will easily deduce the rules for himself and thus learn to have confidence in his capability to understand. A few simple rules and explanations that have been considered necessary are given in footnotes.

From the study of the very first lesson the beginner must try to *think* in Spanish. The idea should not seem strange, for while reciting the words and expressions in the *Drill* (pages 6 to 12) the student has been thinking in Spanish.

The lessons should be read several times in a clear, loud voice, and, while reading, the student must think of the meaning of the words without worrying at all about their relative position. The difficulties a beginner finds in his language studies are generally created by translation and comparison with his mother-tongue.

PREFACE

Following we give a list of simple sentences and expressions, indicating the relative position of the words in English and in Spanish, or the way in which the same idea is expressed:

English form	*Spanish form*
red book	*book red*
This paper is not white.	*This paper not is white.*
The pencil is longer than the pen.	*The pencil is more long than the pen.*
The teacher's hat.	*The hat of the teacher.*

Is one form not as easy to learn as the other? Each language has its own peculiarities, and peculiarities like these can be learned and understood more easily by means of practical examples than by grammatical rules.

The student is therefore advised to proceed in his studies without giving much importance to translation. If he feels that he understands the meaning of a sentence, that is enough, and there is no need to translate it. If he can correctly answer a question, either orally or in writing, is there any need of translating it to show that he understands the meaning?

Constant use of the language, first with the *Drill* above referred to, then by reading the lessons aloud, by hearing the teacher and other students, and then by answering *in Spanish* (either orally or in writing) the questions at the end of each lesson, will very soon accustom the student to think in Spanish.

An important characteristic of the method is that the student can often glean the meaning, even if he fails to understand some of the words. He will, of course, have to use judgment and in some cases a little imagination. He will thus not only find the study easy and interesting, but will develop his power to understand.

The exercises at the end of each lesson are based directly on the idiom and vocabulary of the preceding text. They are intended to answer the following purposes:

1. To give practice and afford material for conversation.
2. To impress on the student's mind the knowledge he has just acquired and the language in which it is expressed.
3. To supplement the work of the class-room.
4. To encourage independent thought.
5. To afford material for written exercises.

One of the principal objects in view has been to give the student a practical working vocabulary. The language and the terms used in the text are the most natural; they are those used in every-day speech. The *tu* and *vosotros* forms of the personal pronouns and their corresponding verbal forms are not taught, since the student will have little or no occasion to use them.

The Vocabulary at the end of the book, which contains all the words used in the text, will enable the student to master the lessons, prepare the written exercises, and solve his doubts.

C. F. McHALE

New York, November, 1918.

CONTENTS

CONTENTS

INTRODUCTION

In order to make easy the student's first steps in the study of Spanish, we have prefixed to the set of thirty lessons contained in this book, the necessary information about the pronunciation of the language.

The student's chief aim should be to acquire a good pronunciation from the very beginning.

ACCENTUATION

When a word has more than one syllable we generally strengthen the voice on one particular syllable, thus giving it prominence over the adjacent ones. This stress is called *accent*.

Spanish words are sometimes irregularly accented, and then the stress of voice is marked by a graphic accent (') placed on the vowel of the accented syllable. When they are regularly accented no written accent is used.

The rules for Spanish accentuation are very simple.

1. When a word has the graphic or written accent the stress falls on the vowel bearing the accent (').

2. Words *not* bearing the written accent have the stress on the penultimate (or next to the last) syllable when they end in a vowel or in the consonants *n* or *s*.

3. Words *not* bearing the written accent have the stress on the last syllable, when they end in a consonant (except *n* or *s*).

In the examples given in the following pages for illustration and drill, the stressed vowel has been printed in heavy type.

PRONUNCIATION

The difficulty that English-speaking people encounter in the pronunciation of the Spanish language can be easily overcome if the following remarks are constantly borne in mind, particularly those referring to the vowel sounds.

Spanish being a highly phonetic language, its pronunciation is not difficult. The consonants **f, k, l, m, n, p, q,** and **t** are sounded as in English, and the pronunciation of the words given below as illustrations will be found very easy.

With the exception of "**u**" between "**q**" or "**g**" and the vowels "**e**" or "**i**" (as in **que, alguien**) and the "**h**," all the letters are sounded. (When the "**u**" is sounded in "**gue**," "**gui**," it is marked with a dieresis, thus: **güe, güi**, the "**u**" being sounded *w*.) All the letters and all the combinations of letters have the same invariable sound.

The Alphabet

The Spanish alphabet has four letters more than the English alphabet; these are: **ch, ll, ñ,** and **rr.**

Pronunciation of the Vowels

There are five vowel sounds:

a   e   i (y)   o   u

In English we generally slur the vowels occurring in unaccented syllables. This is not the case in Spanish; all vowels, whether stressed or unstressed, are enunciated fully and clearly and care must be taken never to give them the diphthongal sounds of the *a*, *o* and *u* in such words as *take, sole* and *tube*.

A has a full open sound similar to that of the *a* in the English words *father, fast, far, alarm*.
Pronounce: *fatal, natal*.

E has an intermediate sound between that of the long "*a*" in *fate* and the one of the short "*e*" in *set, bet, best*.
Pronounce: *metal, penal*.

O has the sound of "*o*" in *lord, order*.
   Pronounce: *piano, melón*.

U sounds like the "*oo*" in *pool* or the "*u*" in *pull*.
   Pronounce: *último, tulipán*.

Spanish diphthongs and triphthongs are numerous. They are to be pronounced simply as the letters representing them indicate.

Diphthongs

ai (*or* **ay**)	**au**	**ia**	**ua**
ei (*or* **ey**)	**eu**	**ie**	**ue**
oi (*or* **oy**)	**iu**	**io**	**uo**
ui (*or* **uy**)			

Triphthongs

iai	**iei**	**uai** (*or* **uay**)	**uei** (*or* **uey**)

Pronunciation of the Consonants

We have already stated that the consonants **f, k, l, m, n, p, q,** and **t** are sounded as in English. The other consonants are pronounced as follows:

B and **v** have virtually the same sound, a softer one than in English, produced by joining the lips without any pressure.
   Pronounce: *benévolo, Biblia*.

C has two different sounds:
   1. Before the vowels *a, o, u* or a *consonant*, it sounds like the English "*k*."
      Pronounce: *coma, capital*.
   2. Before *e* or *i* Castilians pronounce the *c* as the English "*th*" in *thin*; in Spanish America, southern Spain and other parts of the Peninsula, it is pronounced like "*ss*" in English. See remark on page 5.
      Pronounce: *civil, pacífico, aceptable*.

Ch is pronounced as in the English word *church*; never like "*sh.*"

    Pronounce: *chocolate, Chile, China.*

D has a softer sound than in English; it resembles that of the "*th*" in *the, this.*

    Pronounce: *idea, conducta, decimal.*

G has two distinct sounds:

    1. Before the vowels *a, o, u* or before a consonant it has the sound of the English "*g*" in *get, gas*, etc.

       Pronounce: *legal, galante, globo.*

    2. Before *e* or *i* "*g*" has a harsh aspirate and guttural sound, like that of a strong English "*h.*"

       Pronounce: *vegetación, genealogía.*

H is always silent in Spanish.

    Pronounce: *hotel, humano.*

J has the same sound of the Spanish "*g*" before *e* or *i* (See G, 2.), for which the English has no equivalent. It is a harsh, guttural sound.

    Pronounce: *judicial, Julia.*

Ll has an approximate sound to *lli* in such words as *million, brilliant.* Sometimes it is pronounced like the consonant *y.*

    Pronounce: *millón, billón.*

Ñ is pronounced like the "*ni*" in *onion* or like the "*ny*" in *canyon.*

    Pronounce: *niño, mañana.*

R has two different sounds:

    1. Between two vowels or in the middle of a word, it has the sound of the English "*r*" in the word *caramel.*

       Pronounce: *caramelo, negro, natural.*

2. At the beginning of a word, or when preceded by *l, n* or *s*, or when it is doubled, it has a strong rolling sound, produced by the vibration of the tip of the tongue with a strong expulsion of breath.

Pronounce: *regular, rumor, correcto.*

S has the sound of the English "*ss*"; it should never be given, when it is between vowels, the "*z*" sound that it often has in English.

Pronounce: *sistemas, visita, usual.*

X is pronounced like "*ks.*"

Pronounce: *axioma, existencia.*

(Before *p, t,* and *c* the *x* is often pronounced like the *s*).

Y can be a vowel and a consonant.

1. It is a vowel when it stands alone (as in the conjunction **y**, *and*) or when it is at the end of a word (i.e. **voy**). In this case it is pronounced like the Spanish "*i.*"

Pronounce: *ley, soy, muy.*

2. It is a consonant when at the beginning of a word or syllable, in which case it has the sound of the "*y*" in *yes, year.*

Pronounce: *yarda.*

Z never has the sound of the English "*z.*" Castilians pronounce it like the "*th*" in *thin.* In South America and several provinces of Spain it is pronounced like the "*s.*"

Pronounce: *zona, zoológico.*

. . . . .

REMARK: With regard to the pronunciation of the *c* (before *i* or *e*) and the *z*, we feel that the student should be left at liberty to adopt the one he likes better or finds easier. It would be absurd to insist on teaching the pure Castilian pronunciation to a person who intends to go to South America.

DRILL

/ The following words should be read aloud by the student, always bearing in mind the foregoing remarks regarding the Spanish pronunciation and accentuation. By doing so he will soon overcome the difficulties that English-speaking people generally encounter when starting to study the language.

The words contained in the following exercises have been specially selected to make the student *think* in Spanish from the very beginning. This is the basis of rapid progress and thorough mastery of a foreign tongue.

Frequent reference to the remarks on pronunciation is recommended to beginners, particularly in case of doubt.

Place the inflection on the vowel printed in heavy type.

I. Words Spelt Exactly Alike in Both Languages

(Accent on the last syllable)

natal	melón	editor	personal
fatal	hotel	instructor	arsenal
metal	color	inspector	cardinal
penal	honor	anterior	mutual
legal	doctor	interior	decimal
central	favor	exterior	mineral
genial	factor	inferior	judicial
formal	valor	superior	municipal
postal	vigor	familiar	editorial
total	tenor	singular	material
actual	terror	irregular	industrial
usual	error	regular	particular
plural	horror	consular	especial
final	rumor	natural	principal
ideal	elector	animal	fundamental
civil	decisión	capital	original

(Accent on the penult, next to the last syllable)

cable	notable	chocolate
noble	probable	favorable
simple	variable	honorable
grave	visible	inevitable
piano	balance	considerable
cónsul	terrible	innumerable

II. Slight Difference in Spelling

A.) By adding a vowel at the end of the corresponding English word, we can form the following Spanish ones:

Add a	*Add* e	*Add* o
	(Accent on the penult)	
lista	arte	verbo
planta	parte	costo
renta	agente	justo
yarda	urgente	modelo
forma	oriente	momento
visita	constante	producto
violeta	importante	moderno
conducta	conveniente	contento
persona	continente	directo
reforma	accidente	correcto
problema	evidente	perfecto
programa	prominente	secreto
telegrama	uniforme	documento
	(Accent on the antepenult)	
crítico	sólido	océano
rápido	crédito	pacífico
órgano	público	atlántico
cívico	tópico	catálogo

B.) By dropping one or two letters from the corresponding English words, the following Spanish ones can be formed:

(Accent on the last syllable)

millón	interés	profesión
billón	anual	ilegal
cupón	comercial	ocasión
textil	expresión	omisión
hostil	mercantil	impresión
pueril	colector	profesor
reptil	maíz	intelectual

(Accent on the penult)

túnel	fértil	posible
doble	frágil	imposible
coma	ágil	aceptable
clima	notorio	carácter

C.) By making the mentioned changes, we can form the following Spanish words from the corresponding English ones:

(Accent on the last syllable)

Change of *t* into *c*

nacional	situación	interrogación
internacional	vegetación	negociación
constitucional	corporación	pronunciación
imparcial	condición	recepción
credencial	posición	información
inicial	operación	corrección
porción	constitución	dirección
proporción	conversación	instrucción
nación	invitación	transacción
mención	relación	perfección

Change of *t* into *d*

senador	calculador	numerador
operador	legisladoı	denominador
mediador	cultivador	administrador

Change of the termination ...*ty* into ...*dad*

actividad	unidad	universidad
dignidad	capacidad	prosperidad
variedad	realidad	personalidad
sociedad	identidad	facilidad

(*Accent on the penult*)

Change of final *e* into *a*

nota	cultura	gelatina
mina	captura	suprema
oliva	disputa	gasolina
causa	excusa	temperatura
marina	fortuna	agricultura

Change of final *e* into *o*

plato	extremo	respectivo
futuro	supremo	explosivo
minuto	instituto	instructivo
activo	completo	legislativo
diverso	exclusivo	administrativo
nitrato	directivo	diminutivo

Change of final *e* into *ia*

sentencia	diferencia	Biblia
provincia	existencia	referencia
justicia	presencia	preferencia
noticia	evidencia	correspondencia
distancia	experiencia	conveniencia

Change of final *e* into *io*

edificio	sacrificio	privilegio
servicio	palacio	prestigio
silencio	domicilio	vestigio

Change of final *y* into *ia*

agencia	familia	secretaria
historia	gloria	victoria
memoria	industria	controversia

Change of final *y* into *io*

salario	contrario	territorio
notario	secretario	monetario
mercurio	ordinario	satisfactorio

Change of the termination ...*ly* into ...*mente*

generalmente	particularmente	formalmente
totalmente	personalmente	cordialmente
naturalmente	gradualmente	legalmente

Change of the termination ...*ous* into ...*oso*

famoso	copioso	delicioso
curioso	religioso	numeroso
precioso	ingenioso	estudioso

D.) The following Spanish infinitives can be formed from the corresponding English verbs:

(Accent on the last syllable in all infinitives)

Add the termination ...*ar* to the corresponding English verb

importar	reformar	costar
exportar	depositar	consultar
presentar	visitar	plantar

Add the termination ... *er* to the corresponding English verb.

repeler	ascender	contender
defender	extender	responder
pretender	suspender	corresponder

Add the termination ... *ir* to the corresponding English verb.

existir	inferir	desistir
omitir	insistir	transferir
admitir	preferir	remitir

III. Words resembling the English

After studying the foregoing explanations, the English equivalents of the following words can be easily recognized:

(*Accent on the last syllable*)

libertad	afección	comisionar
necesidad	afectación	separar
oportunidad	aplicación	facilitar

(*Accent on the penult*)

apetito	efecto	brillante
alfabeto	orden	excelente
distrito	estatua	diferente
contrato	ejercicio	indiferente
consulado	ejecutivo	inteligente
parafina	navegable	convaleciente
tabaco	misterioso	suficiente
patata	necesaria	correctamente

(*Accent on the antepenult*)

tráfico	teléfono	espléndido
físico	telégrafo	metrópoli
práctica	estenógrafo	metálico

EXPRESSIONS

The following expressions, composed of a noun and an adjective, will not offer any difficulty to the student. They can be easily understood after careful study of the foregoing explanations.

(In Spanish the article generally follows the noun)

autor famoso
acto ilegal
balance anual
producto total
decisión final
cónsul general
error evidente
situación grave
progreso rápido
crédito público
marina nacional
crédito liberal
servicio postal
agente consular
Océano Pacífico
director general
unidad monetaria
excusa aceptable
reforma necesaria
persona honorable

protesta general
factor importante
problema nacional
interés particular
diferencia notable
industria nacional
referencia especial
inspector municipal
continente americano
privilegio exclusivo
instrucción pública
transacción mercantil
temperatura ordinaria
estenógrafo excelente
proporción conveniente
información incorrecta
legislador inteligente
cultura extraordinaria
experiencia considerable
correspondencia mercantil

SPANISH TAUGHT IN SPANISH

PRIMERA LECCIÓN

1.

El sombrero	El tintero	La pluma	La regla
El periódico	El escritorio	La mesa	La silla
El libro (¹)	El edificio	La tinta (¹)	La casa
El lápiz	El reloj	La clase	La pared
El papel	El animal	La lección	La luz

COLORES

2.

blanco	blanca	pardo	parda
negro	negra	moreno	morena
rojo	roja (²)	verde	verde
rosado	rosada	azul	azul
amarillo	amarilla	gris	gris

3.

El tintero es negro.	La pluma es negra.
El lápiz es amarillo.	La regla es amarilla.
El escritorio es pardo.	La mesa es parda.
El edificio es blanco.	La casa es blanca.

El libro es negro (blanco, rojo, amarillo, pardo, verde, azul).

La silla es negra (blanca, roja, amarilla, parda, verde, azul).

El papel no es negro, es blanco.

La silla no es negra, es parda.

La pluma no es verde, es negra.

El lápiz no es rojo, es amarillo.

La pared no es roja, es blanca.

El libro no es verde, es negro.

---

¹ Nouns ending in o are generally masculine; those ending in a are generally feminine. The nouns of other endings are some masculine, some feminine. El and la both correspond to the; el is masculine and la feminine. See Vocabulary.

² The adjective agrees with the noun in gender and number.

4.   — ¿Es negro el libro? — No, el libro es azul. — ¿Es azul
el libro? — Sí, el libro es azul. — ¿Es blanco el papel? — Sí,
el papel es blanco. — ¿Es rojo el lápiz? — No, el lápiz no es
rojo, el lápiz es amarillo. — ¿Es blanca la pluma? — No, la
pluma no es blanca, es amarilla. — ¿Es parda la silla? — Sí,
es blanca. — ¿Es verde la tinta? — No es verde. — ¿Es
negra la tinta? — Es negra. — ¿Es blanca la pared? — Es
blanca.

El libro es verde y blanco. El lápiz es rojo y azul. La regla
es amarilla y negra. El periódico es blanco y negro. La casa
es amarilla y gris. El sombrero es amarillo y negro. — ¿Es
el libro negro y azul? — No, es amarillo y rojo.

5.   — ¿Es negro el libro? — No es negro. — ¿De qué color es?
— Es rojo. — ¿Es azul el papel? ¿Es el papel azul? — ¿Es
negra la tinta? — No, señor, no es negra. Sí, señor, es negra.
— ¿Es gris el edificio? — Sí, señor, es gris.

    — ¿De qué color es la casa? — La casa es gris y amarilla.
— ¿De qué color es el lápiz? — Es amarillo. — ¿Es la casa
verde o roja? — No es verde ni roja, es gris y amarilla. —
¿Es el libro verde o gris? — El libro no es verde ni gris, es
azul. — ¿Es la tinta azul o roja? — No es azul ni roja, es
negra.

EJERCICIO

6.   1. ¿Es rojo el libro? 2. ¿Es amarillo el papel? 3. ¿Es
negro el lápiz? 4. ¿Es verde o azul la pluma? 5. ¿Es verde
o azul la tinta? 6. ¿De qué color es la regla? 7. ¿De qué
color es la mesa? 8. ¿De qué color es el periódico? 9. ¿De
qué color es el sombrero? 10. ¿Es amarillo o rojo el libro?

SEGUNDA LECCIÓN

1. — ¿Qué es esto? — Es un[1] libro. — ¿Qué es esto? — Es una[1] pluma. — ¿Qué es esto? — Es un periódico. — ¿Qué es esto, señor Mora? — Es una regla.

— ¿Es esto un libro? — No es un libro, es un tintero. — ¿Es esto una pluma? — Sí, es una pluma. — ¿Es esto una pluma o un lápiz? — Es un lápiz. — ¿Qué es esto, una mesa o un escritorio? — Es un escritorio. — Señor Mora, ¿es esto un libro o un periódico? — Es un libro.

2. El lápiz es **largo**. La pluma es larga. La regla no es larga, **es corta**. El lápiz rojo no es corto, es largo. La pluma amarilla no es corta, es larga. El libro no es largo ni corto.

El libro azul es **grande**. El libro verde no es grande, es **pequeño (chico)**. — ¿Es grande o pequeño el periódico? — Es grande. — ¿Es grande o pequeña la casa amarilla? — Es pequeña.

El edificio Woolworth es **alto**. El señor Moreno es alto. El señor Silva no es alto, es **bajo**. La casa amarilla es baja. — ¿Es alta o baja la mesa? — La mesa no es alta, es baja. — ¿Es alto o bajo el escritorio? — Es alto. — ¿Es alta la señora Pardo? — No, es baja.

3. El libro azul es **nuevo**; el rojo es **viejo**. La casa blanca es nueva; la gris no es nueva, es vieja. El señor Alberto Moreno no es **viejo**, es **joven**. La señora María Pardo no es vieja, es joven.

El lápiz rojo no es corto, **sino** largo. El libro verde no es grande, sino pequeño. El escritorio no es bajo, sino alto. La regla no es negra, sino amarilla. La señora no es alta, sino baja. ·

---

[1] *Un* and *una* both correspond to the English *a*; *un* is masculine and *una* feminine.

4.   El señor Wilson es americano. El señor Grey es inglés.
La señora Asquith es inglesa. El señor Poincaré es francés.
La señora Poincaré es francesa. El señor Caruso es italiano.
La señora Rossini es italiana. El señor Bauer es alemán.
La señorita Bauer es alemana. El señor Da Silva es portu-
gués. La señora Da Silva es portuguesa. El señor Martínez
es español. La señora Martínez es española. El señor Pedro
Montes es sudamericano. La señorita María Morales es
sudamericana. El señor Morgan es norteamericano. ·

EJERCICIO

5.   1. ¿Es alto o bajo el edificio Woolworth? 2. ¿Es largo o
corto el lápiz verde? 3. ¿Es corta la pluma amarilla?
4. ¿Es grande la casa gris? 5. ¿Es pequeñ- o grande el
libro roj-? 6. ¿Es baj- la señora Pardo? 7. ¿Es alt- el
señor Pardo? 8. ¿Es inglés el señor Wilson? 9. ¿Es
italian- la señora Martínez? 10. ¿Qué es el señor
Caruso, american- o italian- ?

TERCERA LECCIÓN

Este lápiz es amarillo.   **Esta** pluma es amarilla.
(¹)   **Ese** lápiz es pardo.   **Esa** pluma es parda.
Aquel lápiz es negro.   **Aquella** pluma es negra.

Este libro es verde y éste es gris. Esta silla es parda y ésa es negra. Esa casa es alta y ésta es baja. Este escritorio es largo y aquél es corto. Aquella casa es grande y ésa, pequeña. Aquel edificio es alto y éste, bajo.

2. — ¿Es larga esta calle? — No, es corta. — ¿Es alto ese edificio? — Sí, es alto. — ¿Es bajá esta mesa? — Es alta. — ¿Es grande esa casa? — Es chica. — ¿Es larga la lección? — No es larga.

— ¿Es grande o pequeña la regla? — ¿**Cuál** regla? — La regla amarilla. — ¿Cuál regla amarilla? — Esa regla amarilla.
— Esta regla no es grande ni pequeña. — ¿Es alta o baja la silla? — ¿Cuál silla? — Esta silla. — Esa silla es alta.

3. — ¿Es alta o baja aquella casa? — ¿Cuál casa? — Aquella casa gris. — Ése es el edificio Woolworth; ese edificio es alto.
— ¿Es larga o corta esa calle? — ¿Cuál calle? — La calle Libertad. — La calle Libertad es corta. — ¿Es azul o negra la tinta? — ¿Cuál tinta? — Esa tinta. — No es azul ni negra, es roja.

4. | *este* | *esta* | *estos* | *estas* |
    | *ese* | *esa* | *esos* | *esas* |
    | *aquel* | *aquella* | *aquellos* | *aquellas* |

Este (ese, aquel) señor es americano.
Esta (esa, aquella) señora es americana.
Estos (esos, aquellos) señores son americanos.
Estas (esas, aquellas) señoras son americanas.

---

¹ *Este* points out the person or thing near the speaker; *ese* generally denotes what is near the person addressed, and *aquel* denotes what is remote from both.

5.   — ¿Son grandes o pequeñas estas cajas? — Son pequeñas.
— ¿Son negros o rojos esos libros? — Son rojos. — ¿Son
azules o verdes esos papeles? — Son verdes. — ¿Son grandes
los periódicos ingleses? — Son pequeños. — ¿Son americanas
esas señoras altas? — No, son inglesas. — ¿Son españoles o
ingleses esos señores? — Son españoles.

EJERCICIO

6.   1. ¿Son altas las casas de Nueva York? 2. ¿Es larga esta
calle? 3. ¿Es grande aquella casa? 4. ¿Es alto el profesor?
5. ¿Es baja la profesora? 6. ¿Es corta o larga esta lección?
7. ¿Son americanos los señores Caruso y Rossi? 8. ¿Son
alemanes los señores Asquith y Balfour? 9. ¿Qué son los
señores González y Martínez, franceses o españoles? 10. ¿Es
grande la Casa Blanca?

CUARTA LECCIÓN

1. *alto — muy alto — más alto que — tan alto como.*

Esa señora inglesa es alta. Aquel señor americano es muy alto. El caballero americano es más alto que la señora inglesa. El edificio Woolworth es muy alto; es más alto que la casa Metropolitana.

Esta calle es más larga que ésa. Este libro es más grande que aquél. Esta lección es más larga que la tercera lección. ¿Cuál libro es más nuevo, éste o ése? ¿Cuál casa es más vieja, ésta, ésa o aquélla? ¿Cuál señorita es más alta, la señorita española o la americana?

2. El lápiz azul es más largo que el rojo. Londres es más grande que París. Nueva York es más grande que Boston. Esta señorita es más alta que esa señora. Aquella señorita española es más joven que esta señorita sudamericana.

Esta casa es alta. Esta casa no es tan alta como el edificio Woolworth. El señor González no es tan viejo como el señor Mendoza. El señor Anderson no es tan rico como el señor Morgan. La casa verde no es tan grande como la gris. El libro azul no es tan largo como el rojo.

3. — ¿Es grande París? — Sí, es muy grande. — ¿Es tan grande como Londres? — No, Londres es más grande. — ¿Es Madrid tan grande como Barcelona? — No, Barcelona es más grande y más importante que Madrid. — ¿Es la tercera lección tan larga como la cuarta? — No, la cuarta es más larga que la tercera.

4. — ¿Quién es ese caballero? — Es el señor Astorga. — ¿Quién es esa señora? — Es la señora Pardo. — ¿Quiénes son esas señoritas? — Son las señoritas Luisa y María Pardo. — ¿Quién es este señor alto? — Es el Presidente de la compañía — ¿Quién es aquel caballero americano? — Es un Di-

rector del banco. — ¿De cuál banco? — Del Banco Nacional.
— ¿Quién es esa señorita? — Es la secretaria del Presidente
del banco.

EJERCICIO

(*Complete estas sentencias*)

5.   1. ¿Es inglés —— americano aquel caballero? 2. ¿Es
español —— profesor? 3. ¿—— americana ,esa señorita?
4. ¿Quién es —— rico, el señor Morgan o el —— Anderson? 5. ¿Es esta casa —— alta como —— casa Metropolitana? 6. ¿Es el señor Moreno tan joven —— el señor
Montero? 7. ¿Es Boston más grande —— Nueva York?
8. ¿Es San Francisco más grande —— Chicago? 9. ¿Es la
calle Libertad —— larga que esta calle? 10. ¿—— Méjico
t—— grande —— los Estados Unidos o es —— pequeño?
11. ¿—— es —— señora? 12. ¿Quiénes —— esos ——?

QUINTA LECCIÓN

1. **Mi** libro es azul. — ¿De qué color es mi libro, señor Mora?
—Su libro (de Ud.) es azul. La casa del señor Pérez es verde.
— ¿De qué color es la casa del·señor Pérez? — Su casa (de él)
es verde. El lápiz de la señorita Pardo es amarillo. — ¿De
qué color es el lápiz de la señorita Pérez? — Su lápiz (de ella)
es amarillo.

2. Éste es mi libro; ése es su libro. Mi libro es pequeño; su
libro es grande. ¿Cuál libro es más grande, **el mío** o **el suyo?**
¿Es mi reloj más pequeño que el suyo o es el suyo más
pequeño que el mío?

    Su oficina es grande; la mía es pequeña. Mi oficina es
más pequeña que la suya.[1] La (oficina) del señor·Morales es
más grande que la suya y que la mía.

mi escritorio — (el) mío		*su tintero — (el) suyo*
mi pluma — (la) mía	(¹)	*su oficina — (la) suya*

3. — ¿De quién es este lápiz? — Es mío. — ¿De quién es
aquella casa? — Es del señor González. Es suya (de él). —
¿De quién es ese periódico? — Es de la señora Morales.
Es suyo (de ella).

    — ¿Es suya esta pluma, señor? — No es mía; es de ese
caballero. — ¿Es suyo este sombrero, señora? — Sí, es mío.
— ¿De quién es esa casa? — Es mía. — ¿De quién es esa
regla? — Es de ella. — ¿De quién es este reloj? — Es suyo
(de Ud.). — ¿De quién es esa caja? — Es del señor García.

4. — ¿Es ésa su casa, señor? — Sí, ésa es la mía. — ¿Es ése mi
lápiz? — Sí, éste es el suyo. — ¿Cuál es su sombrero, señor,
éste, ése o aquél? — Ése es el mío. — ¿De quién es aquél? —
Es suyo (de Ud.). — ¿De quién es ése? — Es de mi amigo.

---

[1] Note that the possessive pronouns and possessive adjectives agree in gender
and number with the thing possessed, not with the possessor.

— ¿Es del Sr. Alfaro esta oficina? — Sí, es de él. — ¿Es suyo este diccionario? — No es mío, es de mi amigo. — ¿Es aquél el sombrero de su amigo? — Sí, es el suyo (de él). — ¿Es ésa la casa de su amigo? — No es la suya (de él), es la mía. — ¿No es éste su reloj? — Sí, es el mío.

EJERCICIO

5.   1. ¿Es éste su libro (de Ud.)? 2. ¿De qué color es su lápiz? 3. ¿Es grande su casa? 4. ¿Cuál es su libro, éste o ése? 5. ¿Es suya (de Ud.) esa casa verde? 6. ¿Es de su amigo ese periódico? 7. ¿De quién es este ejercicio? 8. ¿De quién es esa pluma? 9. ¿No es éste su escritorio (de Ud.)? 10. ¿No es ésa la silla de la señora Pérez? 11. ¿Es ésa mi pluma? 12. ¿Es ése mi diccionario?

SEXTA LECCIÓN

yo — Ud. (usted) — él, ella

1. El profesor habla español. — ¿Habla Ud. inglés? — Sí, señor, yo hablo inglés. — ¿Qué habla Ud. en su casa, inglés o español? — Hablo inglés en mi casa. — Y en la clase, ¿qué habla Ud.? — En la clase hablo español. — ¿Habla el señor Moreno en este momento? — No, en este momento él no habla. — ¿Habla italiano la señorita? — No, ella no habla italiano.

2. Yo tomo la pluma. — ¿Qué tomo yo, señor Pérez? — Ud. toma la pluma. — ¿Cuál pluma tomo yo? — Ud. toma mi pluma. — ¿Toma Ud. mi libro español? — No, señor, tomo el libro inglés del señor Brown. — ¿Toma la señorita lecciones de francés? — No, ella toma lecciones de piano. — ¿Toma él café o te? — No toma café ni te; toma chocolate. — Mi amiga toma lecciones de piano. — ¿Toma su amigo lecciones de español?

3. Yo como fruta. — ¿Qué fruta come Ud.? — Como melón. — ¿Come Ud. fruta, señor Pérez? — No, señor, como rosbif con patatas. — ¿Qué come la señorita? — Ella come biftec con coliflor. — ¿Dónde come el señor Martínez? — Él come en el hotel. — ¿En cuál hotel come? — Come en el hotel Internacional. — ¿Come Ud. tomate? — No, como patatas.

4. Yo bebo agua. Ud. bebe agua mineral. Él bebe limonada. Ella bebe agua con vino. ¿Qué bebe Ud.? ¿Qué bebe él? — ¿Bebe Ud. agua? — Bebo mucha agua. Él no bebe vino ni agua. — ¿Bebe Ud. vino, señor Pardo? — No, señor, bebo agua. — Y Ud., señor González, ¿qué bebe? — Bebo limonada. — ¿Qué bebe la señorita Prado? — Ella bebe agua mineral.

5. Yo escribo. Escribo en el papel con la pluma. ¿Escribe

Ud. con lápiz o con pluma? ¿Escribe él con lápiz o con tinta? — ¿Dónde escribe Ud.? — Escribo en mi escritorio. — ¿Qué escribe? — Escribo cartas. — ¿Dónde escribe el profesor? — Escribe en la pizarra. — ¿Con qué escribe? — Escribe con tiza. — ¿Escribe ella en español o en inglés? — Escribe en inglés.

6.   Ud. recibe lecciones de español. ¿Recibo yo lecciones de alemán? ¿Recibe Ud. dinero, señor Torres? ¿Recibe él el periódico? ¿Qué periódico recibe ella? ¿De quién recibe Ud. lecciones de español? ¿Dónde recibe Ud. lecciones de español, en una oficina, en un colegio o en su casa? — ¿Qué recibe Ud. del profesor? — Recibo lecciones. — ¿Recibe lecciones de alemán la señorita Julia? — No, recibe lecciones de francés.

tomar	beber	recibir
yo tomo	yo bebo	yo recibo
Ud. toma	Ud. bebe	Ud. recibe
él "	él "	él "
ella "	ella "	ella "

EJERCICIO

7.   1. ¿Qué escribe Ud.? 2. ¿Habla inglés o español el profesor en la clase? 3. ¿Qué habla su amigo (de Ud.), italiano o francés? 4. ¿Bebe Ud. agua o limonada? 5. ¿Recibe lecciones de español la señorita Moran? 6. ¿Qué toma él, café o te? 7. ¿Dónde come Ud.? 8. ¿Qué come ella? 9. ¿Con qué escribe él? 10. ¿Dónde recibe Ud. lecciones de español? 11. ¿Qué habla Ud. en su casa? 12. ¿Quién habla español?

SÉPTIMA LECCIÓN

1. *nosotros, nosotras — Uds. (ustedes) — ellos, ellas.*

Ud. habla. Yo hablo. Ud. y yo (nosotros) hablamos. Nosotros (Ud. y yo) hablamos español. ¿Qué hablamos en la clase? ¿Hablamos inglés o español con el profesor? ¿Hablamos nosotros (nosotras) francés?

Ud. habla. Su amiga (de Ud.) habla. Uds. (Ud. y su amiga) hablan. Uds. hablan español. Uds. no hablan alemán. ¿Qué hablan Uds. en la clase? ¿No hablan Uds. español con el profesor en la clase?

2. El señor García habla. El Sr. Pardo habla. El señor García y el señor Pardo hablan. Los señores García y Pardo hablan. Ellos hablan. La señora Morales y la señora Navas hablan. Las señoras Morales y Navas hablan. Ellas hablan. En París hablan francés. En España y en la América española hablan español (castellano). — ¿Qué hablan en Roma? — En Roma hablan italiano.

Yo estudio español. — ¿Qué estudia su amigo? — Él estudia francés. — ¿Qué estudian esas señoritas? — Ellas estudian aritmética. — ¿Estudiamos geografía en la clase? — No, en esta clase estudiamos español. — ¿Qué estudian los empleados del señor Pardo?

3. — ¿Qué comen Uds.? — Comemos carne y coliflor. — ¿Qué beben esos caballeros? — Beben limonada. — ¿Dónde trabaja Ud., señor Torres? — Trabajo en la oficina del secretario del señor Pardo. — ¿Trabaja Ud. mucho? — Sí, trabajo mucho. — ¿Reciben cartas esos señores? — Sí, reciben cartas en inglés, español y francés.

No escribimos ni recibimos cartas en francés. No comemos carne ni bebemos vino. Los estudiantes estudian en la clase y los empleados trabajan en la oficina. Ellos no reciben

cartas ni telegramas. Uds. no remiten sino depositan el
dinero. ¿En qué banco deposita Ud. su dinero? ¿Depositan
ellos su dinero en el Banco Nacional?

4.   — ¿Quién es ese caballero? — Es el secretario del Presi-
dente de la Compañía. — ¿De qué compañía? — De la
Compañía de Transportes. — ¿Reciben Uds. cartas de esa
compañía? — No recibimos cartas de esa compañía. —
¿Quién recibe la correspondencia en la oficina de los Sres.
Mora y Cía.? — El secretario recibe las cartas y el señor
Navas recibe los periódicos.

5. *yo hablo*   *yo como*   *yo escribo*

yo hablo	*yo como*	*yo escribo*
Ud. habla	*Ud. come*	*Ud. escribe*
él "	*él* "	*él* "
ella "	*ella* "	*ella* "
nosotros hablamos	*nosotros comemos*	*nosotros escribimos*
Uds. hablan	*Uds. comen*	*Uds. escriben*
ellos "	*ellos* "	*ellos* "
ellas "	*ellas* "	*ellas* "

EJERCICIO

6.   1. ¿Dónde trabaja Ud.? 2. ¿Qué estudiamos en esta clase?
3. ¿Escribe Ud. cartas en español? 4. Dónde estudia Ud. su
lección? 5. ¿Lecciones de qué recibe Ud.? 6. ¿Qué come Ud.?
7. ¿Qué bebe él? 8. ¿Trabaja mucho su amigo de Ud.?
9. ¿A quién remite Ud. dinero? 10. ¿Recibe Ud. correspondencia en español? 11. ¿Qué hablan en Inglaterra? 12. ¿Qué
idioma hablan en Nueva York?

OCTAVA LECCIÓN

1. Mi libro es grande. Mis libros son grandes. Su casa (de Ud., de él, de ella, de Uds., de ellos, de ellas) es grande. Sus casas (de Ud., de él, de ella, de Uds., de ellos, de ellas) son grandes.

   Su casa es pequeña; la mía es pequeña. Nuestras casas (la suya y la mía) son pequeñas. Nuestros sombreros son azules. Nuestras oficinas son muy grandes. Los escritorios de sus empleados (de Ud.) son muy altos. Nuestros profesores no son franceses. Mis libros son muy interesantes.

2. — ¿Es grande su casa? — Sí, mi casa es grande— ¿Son grandes sus casas? — No, mis casas no son grandes. — ¿Son altos nuestros escritorios? — No son muy altos. Sus ejercicios (de Ud.) son más largos que los míos. Sus ejercicios (de Uds.) son más cortos que los nuestros. Nuestros libros son más interesantes que los suyos (de Uds.). Nuestras casas no son tan altas como las suyas (de Uds.).

3. Su reloj es más grande que el mío. Mi reloj es más pequeño que el suyo (que el de Ud.). Nuestros automóviles son más grandes que los suyos (de Uds.) (que los de Uds.). Sus oficinas (de Ud.) son más grandes que las de ellos. Las casas de Uds. son más nuevas que las nuestras. Los edificios de Nueva York son más altos que los de Londres. Los amigos del Sr. Moreno son más ricos que los míos.

4. — ¿Cuáles son sus libros, señor Mora? — Éstos son los míos. — ¿Cuáles son los míos, señor Mora? — Aquéllos son los suyos. — ¿De quiénes son esos sombreros? — Son de los señores Pedro y José Mora. — ¿Son de Uds. esos lápices amarillos, señoritas? — No son de nosotras; estos otros son los nuestros. — ¿Son de ellos aquellas plumas negras? — No son de ellos; esas otras son las suyas (de ellos).

5. — ¿ Cuál libro? — El rojo, el corto, el grande. — Éste, ése,

aquél. — El mío, el suyo (el de Ud.), el de él, el de ella, el nuestro, el de ellos, el de ellas.

— ¿Cuál pluma? — La negra, la larga, la pequeña. — Ésta, ésa, aquélla. — La mía, la suya (la de Ud.), la de él, la de ella, la nuestra, la de ellos, la de ellas.

— ¿Cuáles periódicos? — Los americanos, los ingleses, los españoles. — Éstos, ésos, aquéllos. — Los míos, los suyos (los de Ud.), los de él, los nuestros, etc.

6.   El profesor toma el libro del señor Morán. — ¿Qué hace el profesor? — Toma el libro del Sr. Morán. — ¿El libro de quién toma? — El del Sr. Morán. — ¿Qué hace Ud.? — Tomo mi libro. — ¿Qué hace él? — Toma su libro. — ¿Qué hace ella? — Toma su libro. — ¿Cuál libro toma ella, el de Ud. o el de él? — No toma el mío, ni el de él, sino el de ella.

— ¿Qué hacemos nosotros? — Tomamos nuestros libros. — ¿Qué hago yo? — Ud. abre su libro. — ¿Qué hace ella? — Ella abre la puerta. — ¿Abre ella la ventana? — No, abre la puerta. — ¿Qué hace el profesor? — Escribe en la pizarra. — ¿Qué hacen los estudiantes? — Cierran sus libros y abren la puerta de la clase.

EJERCICIO

7.   1. ¿Es éste su reloj? 2. ¿Son ésos nuestros sombreros? 3. ¿Quién es su profesor de español? 4. ¿Son suyos estos documentos? 5. ¿Son de ellos estas casas? 6. ¿De quiénes son estos ejercicios? 7. ¿Habla Ud. con los empleados del Sr. García? 8. ¿Son las oficinas de los Sres. García y Compañía tan grandes como las nuestras? 9. ¿Son esos caballeros los empleados del banco? 10. ¿Qué hace Ud. con su pluma? 11. ¿Con cuál pluma escribo yo, con la suya o con la mía? 12. ¿Cuáles libros son más interesantes, los suyos o los míos?

NOVENA LECCIÓN

1. Yo tengo un reloj. Ud. no tiene reloj. Él tiene dos relojes. Ella tiene tres. Tenemos dos manos. Estas son mis manos. Esta es la mano derecha y ésta la izquierda. Tenemos dos brazos, dos manos, dos piernas y dos pies. Tenemos una boca, una nariz, dos ojos y dos orejas.

2. — ¿Qué tiene el señor Mercado en la mano? — Tiene un libro. — ¿De quién es el libro que tiene en la mano? — Es suyo de él. — ¿Tienen automóvil los señores Pardo y Moreno? — Sí, tienen dos automóviles muy grandes. — ¿Qué tiene Ud. en sus bolsillos? — Tengo varias cosas: un reloj, un lápiz pequeño, una pluma-tintero, un cortaplumas y dos o tres papeles. — ¿No tiene Ud. dinero? — No, señor; no tengo dinero. — ¿Dónde está[1] su dinero? — En el banco.

3. El señor Poincaré es francés. El señor Poincaré está[1] en Francia. El señor Asquith es inglés; el señor Asquith está[1] en Londres. Madrid es la capital de España. Madrid está en España; es una ciudad grande. Buenos Aires está en la América del Sur. Buenos Aires es la capital de la República Argentina.

4. El señor Anderson es un caballero muy alto. Él no es inglés, sino americano. — ¿Dónde está el Sr. Anderson? — Está en Nueva York. Los señores Luis y José Marín] son dos caballeros españoles muy ricos que están en San Francisco con sus señoras. — ¿Quién es el señor Luis Marín? — Es un caballero español muy rico. — ¿Dónde está? — Está en San Francisco. — ¿Con quién? — Con su señora.

5. Yo soy el profesor (la profesora) de español. Yo estoy en la clase. Uds. son los estudiantes. Uds. están en la sala de

---

[1] *Estar* is used instead of *ser* to express position (location) or to indicate a temporary or accidental condition. There are a few exceptions to this rule.

clase. Mi libro es grande (azul, nuevo). Mi libro está en la mesa (en la caja, en el otro cuarto). La Casa Blanca está en Washington. La Casa Blanca es muy grande.

6. Este libro es interesante. Este libro está sobre la mesa. Esa caja es blanca. Esa caja está sobre la silla. El señor Marín es muy alto. El señor Marín está en la oficina del Presidente. ¿Es el profesor español o sudamericano? ¿Está el profesor en la clase o en la calle? Mi reloj es pequeño. Mi reloj está en mi bolsillo.

ser	estar
yo soy	yo estoy
Ud. es	Ud. está
él "	él "
ella "	ella "
nosotros somos	nosotros estamos
Uds. son	Uds. están
ellos "	ellos "
ellas "	ellas "

EJERCICIO

8. 1. ¿Qué tiene Ud. en sus bolsillos? 2. ¿Tienen mucho dinero esos caballeros? 3. ¿Es Ud. sudamericano o norteamericano? 4. ¿Somos nosotros ingleses? 5. ¿Dónde está su amigo? 6. ¿Dónde está el Presidente de los Estados Unidos? 7. ¿Cuál es la ciudad más grande de América? 8. ¿Dónde están sus amigos de Ud.? 9. ¿Quién es Ud.? 10. ¿Dónde está Ud.? 11. ¿Dónde están nuestros libros? 12. ¿Son nuevos nuestros libros? 13. ¿Quién está en el otro cuarto? 14. ¿Son americanos los caballeros que están en la otra casa? 15. ¿Son jóvenes las señoritas que están en la oficina del Presidente de la Compañía?

DÉCIMA LECCIÓN

1. Yo estoy **de pie**. Ud. está **sentado**. El profesor está de pie. La señora Pardo está sentada. Los estudiantes están sentados. — ¿Dónde está sentado ·Ud.? — Estoy sentado en la silla. Ella está sentada en el sofá. El profesor está **delante** de la mesa. La mesa está **detrás** del profesor. La silla está **entre** la puerta y la ventana.

2. El tintero está **sobre** el escritorio. Los libros están **en** la mesa. El reloj está **en** la pared. El papel está **en** el suelo. El libro chico está **encima** del libro grande. El libro azul está **debajo** del amarillo. La señorita Julia está sentada **cerca** del piano. Yo no estoy cerca, sino **lejos** de la ventana.

   Mi libro está **aquí** sobre la mesa. El suyo (de Ud.) no está aquí, está **ahí**.[1] — ¿Cuáles son mis libros? — Esos que están **allí**[1] son sus libros. Estos que tengo aquí son los míos. Aquellos que están **allá**[2] sobre el escritorio grande son los del señor Pereda.

3. En este cuarto hay varias personas: dos señoras, dos señoritas y dos caballeros. — ¿Cuántas personas hay en este cuarto? — Hay seis personas. — ¿Cuántas señoras hay? ¿Cuántos caballeros? ¿Cuántas señoritas?

   Sobre la mesa hay platos. En este plato hay sopa. En la tetera hay te y en la cafetera hay café. En esa botella negra hay vino; en esta otra botella grande hay agua. En esta caja hay fósforos.

4. — ¿Cuánto dinero hay en la caja? — Hay poco dinero. — ¿Cuánto dinero tiene el Sr. Morgan? — Tiene mucho dinero. — Y Ud., ¿cuánto tiene? — Tengo poco. — ¿Cuánta sopa

---

[1] *Ahí* and *allí* both mean *there*; the former indicates a place near the person addressed, while *allí* is used when referring to a place more distant.

[2] *Allá* has a more indeterminate meaning than *allí* and is preferred when motion is implied.

hay en el plato? — Hay mucha sopa. — ¿Cuánta agua bebe Ud.? — Bebo poca.

— ¿Cuántos empleados hay en el banco? — Hay muchos empleados. — ¿Y cuántos hay en la casa comercial de los señores García y Compañía? — Hay pocos. ¿Tiene Ud. mucho o poco dinero en el bolsillo? ¿Bebe Ud. mucha o poca limonada? ¿Hay pocos o muchos libros sobre la mesa? ¿Hay aquí pocas o muchas personas?

5.

¿Cuánto?	*Mucho*	*Poco*
¿Cuánta?	*Mucha*	*Poca*
¿Cuántos?	*Muchos*	*Pocos*
¿Cuántas?	*Muchas*	*Pocas*

— ¿Cuántos libros tiene Ud.? — Tengo varios. — ¿Cuántos tiene él? — Tiene un libro. Tiene uno. — ¿Cuántas plumas tiene el señor Pérez? — Tiene varias. — ¿Cuántas tiene Ud.? Tengo una pluma. Tengo una.

EJERCICIO

6.   1. ¿Cuántos estudiantes hay en la clase de español? 2. ¿Cuántos profesores tiene Ud.? 3. ¿Hay agua en la botella? 4. ¿Qué hay en la tetera y qué en la cafetera? 5. ¿Qué hay sobre la mesa? 6. ¿Está Ud. sentado o de pie? 7. ¿Dónde está sentado el profesor? 8. ¿Está San Francisco cerca o lejos de Nueva York? 9. ¿Quién está delante de la mesa? 10. ¿Dónde está el cuadro? 11. ¿Tiene Ud. varios libros en español? 12. ¿Come Ud. mucha fruta?

UNDÉCIMA LECCIÓN

1. — ¿Qué hace el profesor? — El profesor cuenta los libros que hay sobre la mesa. — ¿Qué hace Ud.? — Yo cuento mi dinero. — Señor Pérez, cuente usted. ¿Qué hace el Sr. Pérez? — Él cuenta. — ¿Cuenta él en inglés? — No, cuenta en español.

El profesor cuenta:

0	cero	7	siete	14	catorce
1	uno (un)	8	ocho	15	quince
2	dos	9	nueve	16	diez y seis
3	tres	10	diez	17	diez y siete
4	cuatro	11	once	18	diez y ocho
5	cinco	12	doce	19	diez y nueve
6	seis	13	trece	20	veinte

2. — Señor Moreno, cuente Ud. desde uno hasta veinte. — ¿Qué hace el señor Moreno? — Cuenta hasta veinte. — ¿Desde diez? — No, desde uno. — Cuente desde cinco hasta quince. Cuente desde ocho hasta diez y ocho.

Contemos desde veintiuno hasta treinta:

21	veintiuno	26	veintiséis
22	veintidós	27	veintisiete
23	veintitrés	28	veintiocho
24	veinticuatro	29	veintinueve
25	veinticinco	30	treinta

3. — ¿Qué hacemos? — Contamos desde veintiuno hasta treinta. — Cuente Ud. las personas que hay en la clase. ¿Cuántas hay? ¿Qué cuenta Ud.? ¿Cuenta él desde 10 hasta 25? ¿Cuenta ella en francés hasta treinta? ¿En qué idioma cuento yo?

Contemos desde treinta hasta ciento:

30	*treinta*	*69*	*sesenta y nueve*
31	*treinta y uno*	*70*	*setenta*
39	*treinta y nueve*	*71*	*setenta y uno*
40	*cuarenta*	*79*	*setenta y nueve*
41	*cuarenta y uno*	*80*	*ochenta*
49	*cuarenta y nueve*	*81*	*ochenta y uno*
50	*cincuenta*	*89*	*ochenta y nueve*
51	*cincuenta y uno*	*90*	*noventa*
59	*cincuenta y nueve*	*91*	*noventa y uno*
60	*sesenta*	*99*	*noventa y nueve*
61	*sesenta y uno*	*100*	*ciento*

4. Señor Merino, cuente Ud. desde cincuenta hasta sesenta.
¿Qué hace el señor Merino? ¿Cuento yo en español o en
inglés? ¿Cuánto dinero tiene Ud. en su bolsillo? ¿Tiene Ud.
mucho dinero? Cuente su dinero.

Ud. tiene veinte pesos. Yo tengo **más** dinero que Ud.;
tengo veintiséis pesos. El señor Sotomayor tiene más dinero
que Ud. y yo: tiene cincuenta y cinco pesos. ¿Tiene Ud. más
dinero que yo? — No, tengo **menos** dinero que Ud. —
¿Quién tiene más dinero, Ud., él, ella o yo? ¿Quiénes tienen
menos dinero, ellos o nosotros? Ese caballero alto es muy
rico. Tiene **tanto** dinero como el señor Morgan; es **tan**[1] rico
como él. ¿Tiene su amigo tanto dinero como Ud.? ¿Es su
amigo tan rico como Ud.?

5. — ¿Cuántos empleados tiene la casa Manterola y Cía.? —
Tiene muchos empleados, más de noventa. — ¿Cuántas
oficinas hay en ese edificio? — Hay más o menos treinta
oficinas. — En cada una trabajan 5 ó 6 empleados. En la
oficina de la casa Manterola y Cía. hay dos empleados
españoles que no hablan inglés.

---

[1] The adverb *tanto* drops the last syllable when placed before an adjective or
adverb. See *cuarta lección.*

EJERCICIO

(Complete las palabras incompletas)

6.   ¿E– est– su libro? ¿Es negr– aquel– pluma? ¿Es roj–
es– lápiz? ¿Es larg– el lápiz amarill–? La pluma larg– es
negr–. La casa blanc– es alt–. El Sr. Brown es ingl–. La
Sra. Rossi es italian–. ¿Es nuev– est– libro? ¿Es cort– la
tercer– lección? ¿De quién son aquel– libros? ¿Son est–
sus plumas?

¿Trabaj– Ud. mucho? ¿Dónde trabaj– nosotros? ¿Es-
crib– ellos cartas? ¿Recib– Uds. dinero? ¿Estud– yo español? ¿Qué hag– yo? ¿Tom– Ud. el dinero? ¿Qué hac–
Ud.? Ud. com– melón. Ellos no beb– agua. ¿Dónde est–
mis libros? ¿Dónde est– nosotros? ¿Qué ten– yo en la
mano? ¿Qué tie– Ud.?

DUODÉCIMA LECCIÓN

1. — ¿Cuántos libros tiene Ud.? — Tengo cien libros. —
Y Ud., ¿tiene más o menos de ciento? — Tengo más de
ciento; tengo ciento veinticinco. El profesor tiene doscientos
libros, y el secretario, trescientos.

100	*ciento*	600	*seiscientos*
200	*doscientos*	700	*setecientos*
300	*trescientos*	800	*ochocientos*
400	*cuatrocientos*	900	*novecientos*
500	*quinientos*	1000	*mil*

2.

1001	*mil uno*
1015	*mil quince*
1220	*mil doscientos veinte*
1555	*mil quinientos cincuenta y cinco*
1918	*mil novecientos diez y ocho*
3469	*tres mil cuatrocientos sesenta y nueve*
7777	*siete mil setecientos setenta y siete*

10.000	*diez mil*
100.000	*cien mil*
1.000.000	*un millón* [1]
4.531.904	*cuatro millones quinientos treinta y un mil novecientos cuatro*

3. Nueva York es la ciudad más grande de América; tiene,
más o menos, cinco millones de habitantes. Buenos Aires
es la ciudad más grande de la América del Sur. Tiene una
población de más de un millón de habitantes.

El señor Mercado tiene mucho dinero. Tiene más de

trescientos cincuenta mil dólares en el Banco Americano y ochenta mil dólares, más o menos, en el Banco Nacional.

Los señores Morán y Cía. tienen un capital de dos millones trescientos cincuenta mil pesos. Sus agentes en París tienen poco capital. El Banco Nacional de la Ciudad de Nueva York tiene un gran[1] capital. Es un banco muy **fuerte**.

4. Yo no tengo tanto dinero como Ud.; Ud. tiene más que yo, pero el señor Morgan tiene mucho más que Ud. El señor Alarcón tiene mucho menos que Ud. Nosotros dos (Ud. y yo) **juntos** tenemos más que él, pero no tanto como él y el señor Navas juntos.

— ¿Cuántos libros tiene Ud.? — Tengo seis. Él tiene ocho; ella, catorce. Yo y él juntos tenemos tantos como ella. Él tiene más que yo y menos que ella.

— ¿Tiene Ud. cincuenta dólares en su bolsillo? — No, no tengo más que treinta y cinco. — ¿Tiene Ud. dos lápices? — No tengo más que uno. — ¿Tengo yo dos plumas? — Ud. no tiene más que una.

5. — ¿Tienen mucho dinero en el banco los señores Astorga y Cía.? — Sí, tienen más de trescientos mil pesos. La casa Astorga y Cía. es muy fuerte; es una de las casas más importantes de esta ciudad.

Cinco y cinco son diez. Seis y tres son nueve. Nueve **más** cinco son catorce. Ocho y siete son quince. ¿Cuántos son 5 y 6? ¿Cuánto es 15 más 13?

Nueve **menos** tres son seis. Quince menos seis son nueve. ¿Cuántos son 24 menos 13? ¿Cuántos libros menos tiene Ud. que yo? ¿Cuánto menos es 12 que 19?

6. Tres **veces** 3 son nueve. Tres **por** 3 son nueve. Cinco veces 4 son 20. ¿Cuánto es 4 veces 3? ¿Cuántos son 5 veces 8? ¿Es 5 **multiplicado** por 4 (5 × 4) más o menos que 15 más 5 (15 + 5)? No es más ni menos, es **igual**.

---

[1] The adjective *grande* generally drops the last syllable when placed before a noun.

12 **dividido** por 4 es 3. Cuarenta dividido por 8 es 5. Cuarenta dividido por 5 es igual a doce menos cuatro $(40 \div 5 = 12 - 4)$.

2 + 7 son 9	3 × 5 son 15
11 + 4 son 15	12 × 5 son 60
21 + 11 son 32	14 × 6 son 84
8 − 3 son 5	45 ÷ 3 son 15
17 − 11 son 6	60 ÷ 5 son 12
43 − 14 son 29	81 ÷ 9 son 9

EJERCICIO

7.   1. Escriba Ud. en palabras 1, 2, 3, 4, etc., hasta 19. 2. Escriba en palabras 20, 30, 40, etc., hasta 100. 3. Escriba con palabras 132, 243, 354, 468, 576, 687, 798 y 899. 3. ¿Qué es más, 3 por 12 ó 15 más 21? 4. ¿En qué idioma escribe Ud. este ejercicio? 5. ¿Qué hace Ud. en este momento? 6. ¿Cuenta Ud. su dinero? 7. ¿En qué clase hay más estudiantes, en ésta o en la de francés? 8. ¿Cuánto más es 39 que 25? 9. ¿Cuál es la diferencia entre 129 y 88? 10. ¿Cuánto menos es 5 veces 3 que 4 por 4?

LECCIÓN TRECE

1. — ¿Qué hace Ud.? — Escribo cartas. — ¿Qué hace el señor Prado? — No hace **nada**.[1] — ¿No tiene él nada que hacer? — No tiene absolutamente nada que hacer en este momento. — ¿Hace **algo** el secretario? — Sí, hace algo. — ¿Qué hace? — Recibe la correspondencia, lee las cartas y habla con el Presidente.

   — ¿Hay algo sobre el escritorio? — Sí, hay varias cosas. — ¿Hay **alguna cosa** (algo) en el cajón de su escritorio? — Sí, hay varios documentos importantes. — ¿Qué hay de nuevo? ¿Hay algo de nuevo? — No hay nada de nuevo.

2. — ¿Tiene Ud. alguna cosa (algo) que decir? — No tengo **ninguna cosa** (nada) que decir. — ¿Hay alguna cosa en esta caja? — No hay ninguna cosa (No hay nada). — ¿Tiene Ud. alguna amiga en Madrid? — No tengo ninguna. — ¿Tiene Ud. **algún**[2] amigo en Londres? — No tengo ningún[2] amigo allá — ¿Tiene Ud. libros? — Tengo algunos libros en inglés, trece o catorce, y unos pocos en español, 3 ó 4.

   — ¿Está el señor Navas en esta oficina? — No está aquí. — ¿Está en la otra oficina? — En la otra oficina no hay **nadie**. — ¿Hay alguien en la oficina del secretario? — No hay nadie. — Alguien habla en la oficina del señor Pereda. — Sí, es el señor Moreno, que habla por teléfono con su amigo.

3. — ¿Tiene Ud. mucho dinero? — No, no tengo mucho, pero tengo **bastante (suficiente)**. — ¿Cuánto dinero tiene el Presidente de la Compañía? — ¡Ah! él tiene **demasiado** dinero; tiene muchos millones de dólares. — Yo tengo cincuenta dólares; ¿cuánto tienen Ud. y el señor Mena juntos? — Los

---

[1] Two negatives strengthen the negation in Spanish.
[2] The masculine forms *alguno*, *ninguno* drop the o when they are placed before a noun.

dos juntos tenemos más que Ud.; tenemos sesenta y dos dólares.

La señorita Romero es una buena estenógrafa; escribe más de cien palabras por minuto; escribe de prisa. — ¿Escribe Ud. a máquina? — Sí, escribo a máquina, pero escribo despacio, 30 ó 40 palabras por minuto. — ¿Habla de prisa o despacio el profesor? — Con los estudiantes habla despacio, pero con sus amigos españoles habla muy de prisa.

4. Cuando Ud. habla en voz alta y despacio, yo puedo comprender perfectamente lo que Ud. dice, pero cuando habla de prisa y en voz baja comprendo muy poco. — Señor Profesor, ¿por qué hablan tan de prisa los españoles? — No hablan muy a prisa, hablan más o menos como Uds.; los españoles también dicen que los norteamericanos e ingleses hablan inglés muy de prisa.

— ¿Comprende Ud. todas las palabras de esta lección? — No comprendo el significado de la palabra *nada* en el primer párrafo de esta lección. — *Nada* significa *ninguna cosa.* ¿Comprende Ud. ahora? — Sí, ahora comprendo; gracias.

5. — ¿Tiene Ud. automóvil, señor Pardo? — Quiero comprar uno, pero no puedo. — ¿Por qué no? — Porque no tengo dinero. — ¿Puede Ud. romper su libro? — Puedo pero no quiero. — ¿Quiere Ud. venir a comer conmigo? — Quiero pero no puedo. — ¿Por qué no? — Porque tengo mucho que hacer. Debo ir a visitar a mi amigo José, pero no puedo porque no tengo tiempo. Debemos estudiar si queremos progresar. Los jóvenes deben trabajar si quieren (desean) ganar dinero.

¿Quiere Ud. ir al teatro? ¿Desea Ud. estudiar español? ¿Prefiere su amigo comer aquí o en el hotel? ¿Sabe Ud. escribir a máquina? ¿Podemos traducir este ejercicio? ¿Puede Ud. comprender esta lección? ¿Necesita Ud. comprar algo? ¿Es posible dividir este número en tres partes iguales?

6.   ¿Dónde está el hombre que no quiere trabajar? ¿Quién dice que no puede comprender? ¿Cuál es el estudiante que dice que es difícil aprender español?

Debemos estudiar si queremos aprender. Si queremos aprender debemos estudiar. Si Ud. quiere ganar mucho dinero debe trabajar mucho. Si los niños no prestan atención en la clase, no comprenden las explicaciones del profesor. Los estudiantes deben preparar sus ejercicios si desean progresar.

EJERCICIO

7.   1. ¿Hay alguien en el otro cuarto? 2. ¿Hay algo sobre la mesa? 3. ¿Hay algo de nuevo? 4. ¿Habla Ud. español más de prisa que inglés? 5. ¿Tiene su amigo demasiado dinero? 6. ¿Estudia Ud. bastante? 7. ¿Puede Ud. comprender si el profesor habla muy de prisa? 8. ¿Por qué no comprende Ud. la lección 27? 9. ¿Por qué no compra él un automóvil? 10. ¿Puede Ud. hablar español correctamente? 11. ¿Hablan de prisa los españoles? 12. ¿Hablan despacio los ingleses y franceses?

LECCIÓN CATORCE

1. — ¿Tiene Ud. el libro del señor Castro? — Yo no lo tengo; lo tiene el secretario del señor Castro. — ¿Tiene el secretario la carta del señor Castro? — Él no la tiene. — ¿Quién la tiene? — La tiene Ud.; está en su escritorio. — ¿Quién tiene los otros dos documentos? — Yo los tengo; aquí están. — ¿Dónde están las cartas de los señores Astorga y Cía.? — Ud. las tiene en su bolsillo.

— ¿Recibe Ud. el periódico? — Sí, lo recibo. — ¿Escribe Ud. la carta? — Sí, la escribo. — ¿Lee Ud. todos los periódicos? — No los leo todos. — ¿Comprenden Uds. todas estas palabras? — No las comprendemos todas.

2. — ¿Qué hace Ud.? — Estoy estudiando mi lección de español. — ¿Qué está haciendo su amigo? — Está escribiendo su ejercicio de francés. — ¿Está él leyendo el periódico? — Sí, lo está leyendo. Sí, está leyéndolo.[1] — ¿Está ella escribiendo la carta? — Sí la está escribiendo. Sí, está escribiéndola.[1] — ¿Está Ud. escribiendo los ejercicios? — Sí los estoy escribiendo. Sí, estoy escribiéndolos.[1] — ¿Están ellos leyendo las cartas? — Sí, las están leyendo. Sí, están leyéndolas.[1]

— ¿Conoce Ud. al señor Ortega? — Sí, lo conozco. — ¿Conoce al padre del señor Ortega? — No lo conozco personalmente. — ¿Conoce Ud. personalmente a esas señoras? — Conozco personalmente a una, pero a la otra no. — ¿A cuál conoce Ud.? — A la más alta. — ¿Quién es la otra? — Es la esposa del socio del señor Ortega.

3. — ¿Comprende Ud. este problema? — No lo comprendo. — ¿Por qué no lo comprende? — Porque es muy difícil.

---

[1] Object-pronouns are written together with the verb (gerund, infinitive or affirmative imperative) when following it.

— Esta lección es fácil. ¿La comprende Ud.? — No comprendo la palabra "fácil." — "Fácil" es lo contrario de "difícil". ¿Por qué comprende Ud. esta lección y por qué no comprende la lección veinticinco? — Comprendo ésta porque es fácil y no comprendo la veinticinco porque es difícil.

4.   ¿Quién conversa con el señor secretario? ¿No es el señor Mora el que conversa con él? ¿Quién habla por teléfono? ¿No es la señora García la que habla por teléfono? ¿No son los señores Varas y Pardo los que están de pie cerca del escritorio del Director? ¿No son las señoritas Astorga y Merino las que están sentadas en el sofá? ¿No es Ud. la señorita que quiere hablar con el secretario? ¿Es Ud. el caballero que quiere hablar con el Presidente de la Compañía? ¿Es ella la que escribe las cartas en español? ¿Son ellos los que hacen este trabajo? ¿Quién es el que habla por teléfono? ¿Quién es la que traduce las cartas? ¿Quiénes son los que trabajan en la otra oficina?

5.   — ¿Quién es el que dice que el español es un idioma difícil? — Yo soy el que lo dice. — ¿Por qué lo dice? — Lo digo porque no comprendo esta parte de la lección. — Esa no es una razón. ¿Comprende Ud. todas las lecciones anteriores? — No las comprendo todas. — ¡Ah! ésa es la razón. Estúdielas en su casa; son muy fáciles.

6.   — ¿Conoce Ud. al señor Roberto Ríos? — Sí, lo conozco, y también conozco a su hermano Eduardo. — ¿Visita Ud. al señor Ríos. — Sí, lo visito frecuentemente; voy con frecuencia a su casa. — ¿Dónde vive? — Vive en la cuarta Avenida, número 483. — ¿Ve Ud. a menudo a la señora Ramos? — La veo rara vez (raramente) porque vive lejos de mi casa, pero mi hermano, que vive cerca de su casa, la ve muy a menudo. — ¿Ve Ud. a menudo al señor Manterola? — No lo veo nunca, porque su casa está muy lejos de la mía y mi oficina también está lejos de la suya; además, el señor Manterola siempre está ocupado; tiene siempre mucho trabajo.

EJERCICIO

(*Complete las sentencias siguientes*)

7. ¿Tiene Ud. mi lápiz? Yo no —— ——. ¿Quién —— tiene?
¿Tie... ellos n... cuadernos? Ellos no —— ——. ¿Lee
Ud. todas las cartas? No —— l.. todas. ¿Cuáles lee?
L.. —— cartas en español. ¿Recibe Ud. los periódicos
ingleses de Londres? R..... dos —— tres. ¿Está Ud. estudiando francés? No, —— —— español. ¿Qué —— haciendo
el señor Presa? Está l..... —— perió.... ¿Qué —— leyendo su a....? —— —— una novela española. ¿Conoce
Ud. a mi amigo? No —— ——. ¿Conoce él a mi amiga?
No —— ——. Cono... ellos a est.. señoras? Cono...a
una, pero a —— otr. no. ¿Compren.. Ud. est. lección?
L. compren.. perfecta... ¿Es —— o dif...? Es rela-
tiva..... fácil. ¿No es la señora Prado —— que está en la
ot.. oficina? ¿No son los señores A y B —— que habl..
español e. e. otr. cuarto? ¿Es Ud. el señor Mora? Sí,
—— ——. ¿E. ése el secre.....? ¿Es es. l. secretaria?
¿Son es.. los empleados d.. —— Morales? ¿S.. es.. l..
señoras españ.... que vien.. de Madrid? ¿Qu... es ——
que trabaja en es. escrit....? ¿Visit. Ud. —— señor
Mora? No —— visit. ¿Ve Ud. —— menu.. al señor Pérez?
Lo v.. rara... ¿Lee —— el periódico? Siem... lo leo.
·¿Preparan los estudiantes —— ejercicios en s.. casas?
Siem... —— preparan.

LECCIÓN QUINCE

1. Páseme el libro, señor Palma. Ud. me pasa el libro. Pase el periódico al señor Astorga. Ud. le pasa el periódico. Pase esta carta a la señora Costa. Ud. le pasa la carta. Pásenos esos documentos, señor Palma. Ud. nos pasa los documentos. Pase estos papeles a los señores García y Morales. Ud. les pasa los papeles. Pase ahora estos otros a las señoritas María y Elena. Ud. les pasa los otros papeles.

2. Ud. pasa el libro al señor Pérez (a la señora Pérez). Ud. le pasa el libro. Ud. se[1] lo pasa.

   Ud. pasa la caja a los señores Pérez y Gómez (a las señoras Pérez y Gómez). Ud. les pasa la caja. Ud. se[2] las pasa.

3. Él me pasa el libro. Yo se lo paso a Ud. Ud. me pasa la carta. Yo se la paso a ella. — ¿Quién me pasa los documentos? — Yo se los paso. — ¿A quién pasa Ud. las cartas? — Se las paso a Ud.

   — Páseme ese papel, señor Torres. — ¿Cuál papel? — El que está debajo del libro negro. — Aquí tiene Ud. el papel. — Muchas gracias. — ¿Qué le pasa el señor Torres a su amigo? — Le pasa un papel. — ¿Le paso yo a Ud. alguna cosa? — Ud. no me pasa nada.

   Páseme — Pásenos — Pásele — Páseles[3]

4. — ¿Qué dice ese caballero a los señores Rojas y Marín? — Les dice que no recibe cartas ni telegramas de su socio, que está en San Francisco. — ¿Qué nos dice, señor García? — Les digo que el precio de este artículo es muy alto.

---

[1] You pass it to him (to her). *Le* becomes *se* for the sake of euphony before the direct object pronouns *lo, la, los,* and *las.*

[2] *Les* becomes *se* for the sake of euphony, same as in [1].

[3] *Me, nos, le* and *les* are also written together with the verb when following it. (See note 1, Lesson 14).

— ¿Qué dice Ud., Sr. Morales? — No digo nada. — ¿Me dice Ud. algo? — No le digo nada. — Dígame algo. — No tengo nada que decirle. — Díganos algo. — No tengo nada que decirles. — No me pase nada. No nos diga nada. No nos remita dinero. No le remitan dinero. No les remitan dinero.

5. Páseme el papel. Pásemelo. No me lo pase. No se lo pase a él. No se lo pase a él ni a ella, pásemelo a mí.[1] — ¿Le paso el libro a él? — No, no se lo pase. Sí, páseselo. — ¿Les paso a Ud. estas flores? — No nos las pase. Pásenoslas. — ¿Le paso a Ud. este reloj? — No me lo pase a mí,[1] páseselo a él. — ¿Le paso a él estas cosas? — No se las pase a él, pásemelas a mí.[1]

Yo me lavo las manos con agua fría. Ud. se lava con agua caliente. ¿Se lava Ud. con agua fría? ¿Se lava ella con agua caliente? Nosotros nos lavamos con mucha agua. Ellos se lavan con muy poca agua.

yo me visto	nosotros nos vestimos
Ud. se viste	Uds. se visten
él se viste	ellos se visten
ella se viste	ellas se visten

6. Mi nombre es Alberto. Yo me llamo[2] Alberto. Esa señorita se llama María. Ese caballero se llama Antonio. ¿Cómo se llama Ud.? ¿Cómo se llaman ellos? ¿Cómo nos llamamos nosotros? — ¿Se llama Ud. Juan? — No, me llamo Manuel. — ¿Se llama Roberto su amigo? — No, se llama Rodolfo. — Su amiga, ¿cómo se llama? — Se llama Elena.

Yo me equivoco. Ud. no se equivoca nunca. Él se equivoca a menudo. Nosotros no nos equivocamos.

Yo me levanto temprano porque me acuesto temprano. Ud. se levanta tarde porque se acuesta tarde. Los niños deben acostarse siempre temprano.

---

[1] A mí is added in this case to give more emphasis.
[2] I call myself; I am named, or, My name is.

EJERCICIO

(Complete las sentencias siguientes)

7. Señor Pardo, pase — periódico — señor Navas. ¿A — pasa Ud. el periódico? ¿A quién — lo pasa Ud.? ¿A quién pasa Ud. las cartas? Se — paso a él. ¿Qué dice el señor Moreno — señor Pidal? — dice que la lección es —. ¿Qué dice Ud. a estos señores? — digo — el ejercicio es —. ¿Le pasa Ud. los documentos al secretario? Sí, — — —. ¿Les pasa Ud. las cartas a las señoritas? No —·— —. ¿Comprende Ud. esta lección? Sí, — comprendo. ¿Comprende Ud. estos ejercicios? Sí, — — perfectamente.

8. ¿Qué m. dice, señor Mercado? No l. digo nada. ¿Qué nos dice? No l.. digo —. ¿Qué l. pas. Ud. a. profesor? L. paso mi. ejercicios. ¿A qu... pas. Ud. — ejercicios? S. — paso — profesor. ¿Cómo — llama ese caballero? — llama Eduardo. ¿— — llama Ud.? — — Pedro. ¿Cómo — lla... esos caballeros? — — José — Pedro. Señor Pardo, páse.. el papel. ¿— papel? ¿Es. papel amar.... Much.. gra..... ¿Qu. l. pasa el — Pardo — su amigo? L. — un papel. ¿Qu. dic. el otr. cab..,...? Dice

LECCIÓN DIEZ Y SEIS

1. El alfabeto español tiene veintinueve letras. El alfabeto inglés no tiene tantas: tiene veintiséis. ¿Cuántas letras más tiene el alfabeto español? ¿Cuántas menos tiene el inglés? — El alfabeto inglés tiene tres letras menos que el español.

   El profesor escribe el alfabeto. ¿Dónde lo escribe? ¿Con qué lo escribe? — ¿Hay muchas letras en la pizarra? — Sí, hay veintinueve: cinco **vocales** y veinticuatro **consonantes**. "A" es una vocal; "B" es una consonante. Las vocales son: **a, e, i, o y u.**

2. Este es el alfabeto español:

a	b	c	ch	d	e	f	g	h	i
j	k	l	ll	m	n	ñ	o	p	q
r	rr	s	t	u	v	(w)	x	y	z

   Veintinueve son las letras del alfabeto sin la w (doble u) y treinta con la w. — ¿Sabe Ud. el alfabeto español? — Todavía no lo sé, pero puedo aprenderlo; creo que no es muy difícil.

3. El profesor hace cuatro grupos de letras:

   A a   E e   I i   O o   U u

B b	C c	Ch ch	D d	G g	P p	T t	V v
be	ce	che	de	ge	pe	te	ve

F f	L l	Ll ll	M m	N n	Ñ ñ	R r	rr	S s
efe	ele	elle	eme	ene	eñe	ere	erre	ese

H h	J j	K k	Q q	X x	Y y	Z z
(h)ache	jota	ka	cu	ekis	i griega	zeta

Las vocales que forman el primer grupo, son fáciles; las consonantes del segundo y tercer grupos también son fáciles; las del cuarto grupo son un poco difíciles y Ud. debe aprenderlas de memoria. No es indispensable, pero sí conveniente, saber el alfabeto. — ¿Lo sabe Ud. ahora? — Sí, señor, ahora lo sé.

4. Las letras forman sílabas; las sílabas forman palabras y las palabras forman frases y sentencias. La palabra "alfabeto" tiene cuatro sílabas: al-fa-be-to. Observe la división de las siguientes palabras:

te-le-gra-ma	*te-lé-fo-no*	*do-cu-men-to*
es-te-nó-gra-fo	*au-to-mó-vil*	*dic-cio-na-rio*
co-rrec-ta-men-te	*vein-ti-nue-ve*	*se-cre-ta-rio*

"Sir" es una palabra inglesa; "Monsieur" es una palabra francesa; "Herr" es alemana; "Signor" es italiana y "Señor," española. "Negro" es palabra española e inglesa. En español esta palabra no se pronuncia como en inglés. ¿Cuál es la pronunciación correcta de la palabra inglesa "debt"? ¿Es correcto pronunciar la "b" en esta palabra? — ¿Se pronuncia la *u* en las palabras "que," "quien," "aquí," "aquella," "alguien"? — No se pronuncia.

5. Esta es una letra mayúscula (A); esta otra (a) es minúscula. Alberto, Luis, Alfredo, Pedro, etc. (etcétera) son nombres propios de persona. — ¿Es correcto escribir con minúscula los nombres de persona? — Oh, no; es un error muy grave escribirlos con minúscula; deben escribirse siempre con mayúscula. Los nombres de ciudades, provincias, estados, países y continentes se escriben también con mayúscula; por ejemplo: Boston, Madrid, Buenos Aires, San Juan, California, Florida, Canadá, Chile, Europa, América.

6. Este (.) es un punto. Estos (:) son dos puntos. Esta (,) es una coma. Este (;) es un punto y coma. Este (') es un acento. — ¿Cómo se llaman estos signos (¿ ?)? — Se llaman

signos de interrogación. — Y estos otros (¡ !), ¿cómo se llaman? — Se llaman signos de admiración. En inglés se usa solamente un signo de interrogación o admiración; en español se ponen dos: uno al principio y otro al final de la sentencia.

Las siguientes frases: "¿Cómo se llama Ud.?" "¿Dónde vive su amigo?" "¿Por qué no compra Ud. esa casa?" son **preguntas.** Estas otras frases: "Me llamo Pedro Merino." "Vive en la calle Libertad." "Porque no tengo suficiente dinero" son las correspondientes **contestaciones o respuestas. Las** palabras **como, donde, que, quien, cuando, cuanto, cual** se escriben con acento en las preguntas.

7.   — Señor B., haga una pregunta al señor A. — ¿En inglés o en español? — En español, naturalmente. — "¿Estudia Ud. las lecciones en su casa, señor A?" — Señor A, conteste en español a la pregunta del señor B. — "Sí, señor; estudio las lecciones en mi casa." — Hágame ahora una pregunta a mí. Hágale una pregunta a él. Responda a la pregunta del señor.

El profesor hace preguntas a los estudiantes: "¿Trabajan Uds. mucho?" "¿Dónde están sus libros?" "¿Tiene Ud. cuaderno de ejercicios?" "¿Qué lección estudiamos?" "Por qué no sabe Ud. la lección?" Los estudiantes responden a las preguntas del profesor. — ¿Responden siempre en español? — Naturalmente, los estudiantes nunca hablan inglés en la clase de español.

Las partes de la oración son: substantivo, adjetivo, pronombre, artículo, verbo, participio, adverbio, preposición, conjunción e interjección.

Río, ley son substantivos.	*Dado, ido* son participios.
Ricos, alto son adjetivos.	*Ayer, aquí* son adverbios.
Ud., aquel son pronombres.	*De, en* son preposiciones.
El, la, una son artículos.	*Y, e, o* son conjunciones.
Hablo, trabaja son verbos.	*¡Oh!, ¡ay!* son interjecciones.

EJERCICIO

8. 1. ¿Cuántas letras más tiene el alfabeto español que el inglés? 2. ¿Cuáles son? 3. ¿Cuáles son las consonantes difíciles? 4. ¿Sabe Ud. el alfabeto de memoria? 5. ¿Qué forman las letras, qué las sílabas y qué las palabras? 6. ¿Se pronuncia la "h" en español? 7. ¿Es correcto escribir con minúscula los nombres propios? 8. ¿Es correcto escribir con minúscula en español las palabras que indican nacionalidad? 9. ¿Qué se pone al final de una frase? 10. ¿Cuántos signos de interrogación se ponen en español? 11. ¿Qué hace el profesor a los estudiantes? 12. ¿Se acentúan siempre las palabras *cómo*, *qué*, *dónde*, etc.? 13. ¿Cómo se llaman estas letras ch, h, j, ll, ñ, rr en español? 14. ¿Cuántas y cuáles son las partes de la oración? 15. ¿Qué parte de la oración son *largo*, *casa*, *los*, *nosotros*, *hablado*, *escribimos*, *ahora*, *para*? 16. Escriba dos substantivos, dos adjetivos, dos verbos, dos adverbios y dos preposiciones.

LECCIÓN DIEZ Y SIETE

1. El señor Pérez es un caballero **bueno**, pero es un **mal**[1] estenógrafo porque toma solamente 40 palabras por minuto. Juan es un niño **malo**, porque no obedece a su madre, pero es un **buen**[1] estudiante, porque siempre prepara sus lecciones y ejercicios.

El señor Emerson tiene **buena** pronunciación; habla español muy **bien**; su hermano (de él), por el contrario, habla bastante **mal**, y es difícil comprender lo que dice, porque tiene **mala** pronunciación. Ud. habla **mejor** (más bien) que su amigo; su amigo de Ud. no habla tan bien como Ud. Yo escribo **peor** (más mal) que Ud., y mi hermano escribe peor que yo. ¿Quién escribe peor de los tres?

2. — ¿Le gusta a Ud. el te? — Sí, pero me gusta[2] más el café. — ¿Toma Ud. café con o sin leche, con o sin azúcar? — Lo tomo con azúcar y sin leche; no me gusta la leche. — ¿Qué frutas le gustan a Ud.? — Me gustan todas las frutas, especialmente las peras, las manzanas y las uvas. — ¿No le gusta el melón? — Lo como, pero no me gusta mucho. — ¿Qué bebida le gusta a Ud. más, la limonada, el agua o el agua con vino y azúcar? — Prefiero la limonada.

—¿Qué legumbres le gustan a su señora? — Le gustan las patatas y la coliflor. — ¿No le gustan los espárragos? — Le gustan poco; a mí me gustan mucho. — ¿Qué flores les gustan a las señoritas? — Les gustan casi todas las flores, particularmente las rosas, las violetas y los pensamientos. Hay hermosas flores en el jardín de nuestra casa.

3. — Señor García, ¿quiere prestarme su máquina de

---

[1] The masculine singular adjectives *bueno* and *malo*, the same as *alguno*, *ninguno* (see note 2, page 39), drop the "o" when they are placed before a noun.

[2] *Me gusta*, I like. The indirect object pronouns *me*, *le*, *nos* are used with the verb *gustar*. *Le gusta* (*a Ud.*) or *A Ud. le gusta*, you like; *Nos gusta*, we like.

escribir? — Siento mucho, pero no puedo prestársela, porque tengo que copiar este largo artículo. — Si Ud. no me presta la máquina no puedo escribir al señor Mena. Si él no nos presta dinero no podemos comprar una máquina Underwood.

— Amigo Roberto, deseo darle uno de estos tres libros. ¿Cuál prefiere Ud.? — ¿Qué libros son? — Este es "El Mercader de Venecia," de Shakespeare; este otro se titula "Los Hijos del Capitán Grant," por Julio Verne, y este último es "Un crimen misterioso," por la escritora inglesa Carlota Braemé. — El primero no lo conozco; el segundo lo tengo, y el último no me interesa; por lo tanto, prefiero "El Mercader de Venecia." Es un libro muy hermoso; muchísimas gracias.

4.   — Páseme uno de esos periódicos, mi amigo. — ¿Cuál desea? — Páseme cualquiera. Páseme el que Ud. quiera; me es indiferente.

— ¿Quiere Ud. hablar con el Presidente o con el Secretario? — Deseo hablar con **ambos,** primero con uno y después con el otro. — ¿Con cuál de los empleados desea Ud. hablar? — Con **cualquiera.** — ¿No desea Ud. hablar con algún empleado determinado? — No, quiero hablar unas cuantas palabras con **cualquier** [1] empleado. Quiero hablar con un empleado **cualquiera.**

5.   — ¿Qué desea, señor? — Deseo cambiar este cheque de $100. — ¿Quiere Ud. billetes u [2] oro? — Sírvase darme billetes de 10 dólares. — ¿Qué otra cosa desea? — No deseo nada más, gracias. — ¿Desea Ud. algo? — No deseo nada. Nada deseo. [3] — ¿Con quién desea Ud. hablar? — No deseo hablar con nadie. Con nadie quiero hablar.

---

[1] The word *cualquiera* often loses the final "a" when it goes before a noun.

[2] For the sake of euphony, *u* is used instead of *o* before words beginning with *o* or *ho*; but note "oro o billetes."

[3] The negation "no" always precedes the verb. Two negatives strengthen the negation in Spanish. When other negatives are placed before the verb, *no* is omitted.

`— ¿Le gusta a Ud. hablar español? — Me gusta mucho. — Y a su hermano, ¿le gusta también? — También le gusta mucho. — ¿Tiene Ud. oportunidad de hablar español? — Sí, tengo un amigo, que está empleado en una casa española, y con él practico algunas veces. — La práctica es muy necesaria en el estudio de las lenguas. ¿Puede Ud. sostener una conversación en español? — Puedo fácilmente comprender lo que se me dice, pero me es algo difícil expresarme en este idioma.

EJERCICIO

6.   1. ¿Habla español bien o mal el señor Gómez? 2. ¿Tiene el señor Montero buena o mala pronunciación? 3. ¿Quién habla mejor, Ud. o su amigo Pedro? 4. ¿Cuál de los estudiantes tiene peor ortografía? 5. ¿Le gusta a Ud. escribir a máquina? 6. ¿Le gustan a Ud. las peras? 7. ¿Le gusta a Ud. el olor del gas? 8. ¿Prefiere Ud. los periódicos ingleses a los españoles? 9. ¿Puede Ud. hablar español correctamente? 10. ¿Desea hablarlo correctamente? 11. ¿Tiene Ud. ocasión de practicar con alguien? 12. ¿Comprende Ud. todo lo que dice el profesor? 13. ¿Puede Ud. expresarse con facilidad? 14. ¿Qué cosa es necesaria en el estudio de los idiomas?

LECCIÓN DIEZ Y OCHO

1. Páseme ese libro.
{ Sírvase pasarme ese libro.
Hágame el favor de pasarme ese libro.
Tenga la bondad de pasarme ese libro.

Déme un vaso de agua.
{ Sírvase darme un vaso de agua.
Hágame el favor de darme un vaso de agua.
Tenga la bondad de darme un vaso de agua.

2. Sírvase decirme el nombre de esta calle. Tenga la bondad de cerrar la ventana. Hágame el favor de prestarme su cortaplumas.

Sírvase Ud. copiar esta carta. Tengan Uds. la bondad de decirme dónde está la Oficina de Telégrafos. Sírvanse Uds. decirnos si el señor Meza vive en esta casa. Tenga la bondad de preguntar por teléfono al señor Montero si el señor Carmona está en su oficina en este momento.

3. — *Señor Mora, sírvase cambiarme este billete de cinco dólares en billetes de un dólar.*

— *Con mucho gusto, señor Palma.*

— *Muchas gracias.*

— *No hay de qué.*[1]

— ¿Qué pide el señor Palma al señor Mora? — Le pide que le cambie un billete. — ¿Qué contesta el señor Mora? — Contesta "Con mucho gusto." — Y el señor Palma, ¿qué dice? — Dice "Muchas gracias." — El otro entonces dice "No hay de qué."

4. Yo pido un favor a una persona diciendo "Sírvase pa-

---

[1] "Don't mention it."

sarme" (o "Tenga la bondad de..., "Hágame el favor
de...") pasarme (o darme, decirme, abrir, cerrar, copiar,
etc.). También podemos decir "¿Quiere Ud. hacerme el
favor de pasarme.....?" o "¿Puede hacer el servicio de
pasarme...?"

Si una persona me hace un favor, yo le digo: "Gracias,"
"Muchas gracias," "Muchísimas[1] gracias" o "Le agradezco
mucho" (o "muchísimo"), según el caso. La otra persona
entonces dice "No hay de qué" o "No las merece."

5.   — Señor Mardones, pregúntele su nombre al señor Sánchez. — "Señor Sánchez, sírvase decirme su nombre." —
Sírvase preguntar por teléfono al señor García si conoce al
socio del señor Morgan. — "Señor García, tenga la bondad
de decirnos si conoce al socio del señor Morgan." — Llame
al secretario. — "Señor Pardo, sírvase venir." — Pásele el
periódico y pídale que lea el artículo editorial. — "Sírvase
leer el artículo editorial." — Dígale que no lea tan de prisa.
— "Haga el favor de leer más despacio." — Dígale que no
hable en voz tan baja. — "Sírvase hablar en voz un poco
más alta."

6.   — ¿Dónde va señor Palma? — Voy a la Universidad. —
¿Qué va a hacer allí? — Voy a preguntar cuándo comienzan
los exámenes. ¿Quiere venir conmigo? — Siento no poder
acompañarlo; tengo que ir a la estación. — ¿Quiere venir al
concierto conmigo y mi hermano? — ¿A qué concierto? —
Al gran[2] concierto del Teatro de la Princesa; tengo tres billetes, uno para Ud., uno para mi hermano y otro para mí.
Ud. debe venir; grandes artistas toman parte en la función;
el primer[3] tenor es un gran artista italiano. — Bueno,[4]
acepto su atenta invitación. — Tome Ud. el billete; la función comienza a las 8. — Muchas gracias, mi buen amigo.

---

[1] Superlative of *muchas*, very many.
[2] The adjective *grande* sometimes drops the last syllable when placed before a
noun.
[3] See note 1, Lesson 17.   [4] *Bueno*, "all right."

EJERCICIO

(Complete las sentencias siguientes)

7. Sírva.. copiar es. telegrama —— este papel. —— ——
favor —— decirme si —— señor Alberto Marín —— en
casa. —— —— favor —— pasarnos el periódico q··. ——
debajo d. libro. S..... Uds. decirn.. —— nombres.
—— —— bondad —— explicarn.. este problema. ——
Ud. —— bondad —— preguntar —— teléfono —— señor
Eduardo Palma si puede hacerme —— favor —— venir
a mi oficina. En —— cajón d. m. escritorio h.. vari..
docum....; sír.... pasárme... Hay —— plumas ——
esa caja; t.... l. b.... d. dárme.... ¿A qu.. l.
paso el documento? Páseme.. —— ——. ¿— q...
l. da Ud. —— dinero? S. l. doy —— ——. ¿A ——
pregunta Ud. s. nombre? S. l. pregunto —— ——
amigo. Si ,Uds. n.. h.... u. favor, —— l.. deci...
m... gr.... Si Ud. quiere q.. yo —— pase algu..
c..., Ud. —— d...: "S.... p.....; h.... el —— ——
—— o t.... —— —— —— ——.

LECCIÓN DIEZ Y NUEVE

1. El estudio de la Geografía es muy importante. Wáshington es la capital de los Estados Unidos, pero no es la ciudad más grande del país. Nueva York es mucho más grande; tiene una población de más de cinco millones de habitantes. Nueva York es un puerto muy importante; el comercio y el tráfico de este puerto son considerables.

2. Los puntos cardinales son cuatro: **norte, sur, este** y **oeste.** El Canadá está al norte de los Estados Unidos; Méjico está al sur; al este está el océano Atlántico y al oeste el Pacífico. En los Estados Unidos hay grandes lagos, ríos y montañas. Los principales lagos son el Superior, el Ontario, el Michigan, el Erie y el Hurón. El mayor de todos es el Superior; es el más grande de los lagos de agua dulce que hay en el mundo. El menor de los cinco es el Erie. El principal de los ríos de este país es el Mississippi; es un río navegable en una extensión de más de mil millas. Las montañas Roqueñas son muy importantes. Hay en ellas grandes y ricas minas y mucha vegetación.

3. España y Portugal forman una península. Madrid es la capital de España. Madrid es una ciudad de medio millón de habitantes, poco más o menos. Está situada en el centro de la península Ibérica. El puerto principal de España es Barcelona.

Francia está limitada al norte por el canal de la Mancha, que la separa de Inglaterra; al sur por España y el mar Mediterráneo; al este por Bélgica, Alemania, Suiza e Italia, y al oeste por el océano Atlántico.

París es la capital de Francia; Londres, la de Gran Bretaña; Roma, la de Italia; Berlín, la de Alemania; Bruselas, la de Bélgica; Lisboa, la de Portugal. Los puertos principales del continente europeo son: Londres, Liverpool, Hamburgo y Marsella.

4. Los principales países sudamericanos son Argentina, Brasil y Chile. Buenos Aires, Río de Janeiro y Santiago son sus correspondientes capitales. Brasil es un país enorme. Es tan grande como los Estados Unidos. Las demás repúblicas sudamericanas son: Colombia, Venezuela, Ecuador, Perú, Bolivia, Uruguay y Paraguay.

Entre la América del Norte y la América del Sur está la América Central, de la que forman parte varias pequeñas repúblicas. El archipiélago de las Antillas depende geográficamente de la América Central. La principal de las islas que forman las Antillas es Cuba, cuya capital es Habana.

5. En todas las repúblicas centro y sudamericanas, con excepción del Brasil y las Guayanas, se habla la lengua española, con ligeras diferencias de pronunciación. En el Brasil se habla portugués. En Sud América se pronuncian de igual manera la s, la z y la c. En Castilla, parte central de España, se da a la z y a la c (antes de i y e) la pronunciación de la *th* inglesa en palabras como "tooth" y "path." Entre el español que se habla en Castilla y el que se habla en la América del Sur, tal vez no hay más diferencia que entre el inglés de Inglaterra y el de los Estados Unidos.

6. Cuando enviamos los productos de nuestro país a otros países, exportamos. Cuando compramos productos o artículos en otros países y los traemos al nuestro, importamos. Los Estados Unidos exportan cobre, lana, algodón, trigo, madera, maquinaria, automóviles, drogas, explosivos, petróleo, parafina, gasolina, aceites lubricantes, carne en conserva, tabaco y una gran variedad de artículos manufacturados.

Las principales importaciones de este país son las siguientes: azúcar, café, te, cacao, vainilla, aceite de oliva, ingredientes químicos, minerales, sedas, cueros y pieles, caucho, piedras preciosas y nitrato de soda.

EJERCICIO

(Escríbanse las preguntas correspondientes a las respuestas siguientes.)

7.   1. Nueva York es el puerto más importante de América. 2. No, la capital es Wáshington. 3. El Presidente reside en Wáshington. 4. El lago Superior es el más grande de los cinco. 5. El Amazonas es más grande que el Mississippi. 6. La catarata del Niágara es la más grande del mundo. 7. Son las montañas más altas de Sud América. 8. En Castilla se habla castellano. 9. Argentina, Brasil y Chile. 10. Es una porción de tierra rodeada de agua por todas partes. 11. No, en todas ellas no se habla español; en Brasil se habla portugués. 12. El Brasil exporta mucho café. 13. No importamos, sino exportamos maquinaria. 14. Lo importamos principalmente del Brasil.

LECCIÓN VEINTE

1. Sesenta segundos forman un minuto. Sesenta minutos forman una hora. Una hora tiene sesenta minutos. Una hora tiene tres mil seiscientos segundos (60 × 60 = 3600). 24 horas forman un día; 7 días forman una semana; 30 días forman un mes; doce meses forman un año; cien años forman un siglo. Un año tiene 52 semanas. Un año tiene 365 días.

segundo, minuto, hora, día, semana, mes, año, siglo

2. Los meses del año son:

enero	febrero	marzo
abril	mayo	junio
julio	agosto	septiembre
octubre	noviembre	diciembre

Enero es el primer mes del año. Enero tiene 31 días. El mes más corto del año es febrero: tiene 28 ó 29 días. Algunos meses tienen 30 días, otros tienen 31. Enero, marzo, mayo, julio, agosto, octubre y diciembre tienen 31 días; abril, junio, septiembre y noviembre tienen treinta. Un mes comercial tiene 30 días. Un año común tiene 365 días; un año bisiesto tiene un día más, es decir, 366.

Tres meses forman un **trimestre**. Seis meses forman un **semestre**.

3. Los días de la semana son:

lunes	martes	miércoles	jueves
viernes	sábado	domingo	

— ¿Qué día es hoy? — Hoy es martes. — ¿Qué día fué ayer? — Ayer fué lunes. Mañana será miércoles. — ¿Qué **fecha** es hoy, señor Montero? — Hoy es martes primero de octubre. Hoy es el primer día del mes; ayer fué el último día de septiembre; anteayer fué el penúltimo. Mañana será el 2 de octubre; pasado mañana será el 3., No olvide que las fechas se dicen así: primero de octubre, dos de octubre, tres de octubre, veintiuno de octubre, etc.; y se escriben así: 1° de octubre; 2, 3, 21 de octubre, etc.

4. — ¿Qué hace Ud. los domingos? — No hago nada; el domingo no trabajo. — ¿Por qué no trabajamos el domingo? — Porque es día de fiesta. — ¿Dónde vamos el domingo? — Vamos a la iglesia. El miércoles no es día de fiesta; es un día de trabajo. Hay seis días de trabajo y uno de fiesta. Algunas personas trabajan solamente medio día el sábado.

— ¿Qué es esto, señor González? — Es un calendario. — ¿Tiene Ud. un calendario en su oficina? — Tengo dos: uno en la pared, y otro sobre mi escritorio. — ¿Sabe Ud. qué día del mes es hoy? — No sé, pero sé que es sábado. — Mire Ud. el calendario; ¿sabe Ud. ahora? — Sí, hoy es el 5 de octubre. — El próximo sábado será el aniversario del descubrimiento de América; la América fué descubierta por Cristóbal Colón el 12 de octubre de 1492.

5. El año empieza con enero; febrero es el segundo mes; marzo, el tercero; noviembre, el penúltimo; diciembre, el último. El año termina con diciembre; el 31 de diciembre es el último día del año.

— ¿Es correcto escribir con minúscula los nombres de los meses del año y los días de la semana? — En español se pueden escribir con minúscula o con mayúscula; es indiferente. — ¿Cómo los escribe Ud.? — Yo los escribo lo mismo que en inglés; es decir, con mayúscula. — ¿En qué año estamos? — Estamos en el año 1918. El año pasado fué 1917. El año próximo será 1919.

6. Los siguientes son los principales días de fiesta en este país: el primero de enero, el 12 de febrero, el 22 de febrero, el 30 de mayo, el 4 de julio, el primer lunes de septiembre, el 12 de octubre y el 25 de diciembre.

El 1° de enero se llama "día de año nuevo"; el 12 de febrero es el aniversario del nacimiento de Lincoln; el 22 de febrero se celebra el aniversario del nacimiento de Wáshington, primer Presidente de los Estados Unidos; el 4 de julio es el aniversario de la Independencia; el primer lunes de septiembre es el Día del Trabajo; el 12 de octubre se celebra el descubrimiento de América; el 25 de diciembre es la (Pascua de) Navidad. Las grandes casas de comercio, los bancos, las oficinas del Gobierno y las oficinas públicas no se abren los días mencionados.

EJERCICIO

7. 1. ¿Qué día es hoy? 2. ¿Qué día del mes? 3. ¿Qué fecha es hoy? 4. ¿Cuál es el primer día de la semana? 5. ¿Cuál es el penúltimo? 6. ¿Por qué los estudiantes no vienen a clase ni los empleados van a la oficina los domingos? 7. ¿Cuántos días tiene febrero? 8. ¿Cómo se llama el año que tiene 366 días? 9. ¿Cuántos días por semana trabajamos? 10. ¿Cuáles son los principales días de fiesta? 11. ¿Qué hace Ud. los domingos? 12. ¿Qué día le gusta a Ud. más, el domingo o el lunes? 13. ¿Cuándo empieza y cuándo termina el año? 14. ¿Qué es un trimestre y qué un semestre? 15. ¿Es correcto escribir con minúscula en español las palabras "enero," "martes," "inglés"?

LECCIÓN VEINTIUNA

1.   Hay dos clases de relojes: relojes de paréd y relojes de bolsillo. Este es un reloj de bolsillo; aquél es de pared. Yo tengo dos manos. Aquel reloj también tiene dos; las manos de un reloj se llaman **manecillas.** "Manecilla" es el diminutivo de "mano." Un hombre pequeño es un "hombrecillo" u "hombrecito." Los diminutivos de **libro, casa, lápiz, cuchara,** son **librito, casita, lapicito y cucharilla,** respectivamente.

Los relojes de bolsillo tienen generalmente tres manecillas. La más larga de las tres se llama **minutero,** porque muestra los minutos; la que señala las horas se llama **horario.** — ¿Sabe Ud. decir la hora en español? — Sí; no es difícil.

2.   ¿Qué hora es?

Es la una.	*Son las dos (y) veinticinco.*
Es la una y diez (minutos).	*Son las dos y media.*
Es la una y cuarto.	*Son las tres menos veinte.*
Es la una (y) veinticinco.	*Son las cinco menos cuarto.*
Es la una y media.	*Son las seis menos cinco.*
Son las dos.	*Faltan 5 para las siete.*
Son las dos y diez.	*Falta un cuarto para las 9.*
Son las dos y cuarto.	*Es la una en punto.*
Son las dos (y) veinte.	*Son las dos en punto.*

3.   Las doce del día es el medio día; las doce de la noche es la media noche. Durante el día (o de día) trabajamos; durante la noche (o de noche) descansamos. Me levanto generalmente a las siete; me lavo y me visto; a las siete y media tomo una taza de café, pan con mantequilla (o manteca) y un poco de carne. A las siete y cuarto tomo el tren elevado o el tranvía y llego a la oficina a las ocho, o unos pocos minutos antes. Siempre llego temprano; no me gusta llegar tarde. Empiezo a trabajar a las 8 en punto.

4.   — Señor, tenga la bondad de decirme la hora. ¿Qué hora es en su reloj? — Son las tres menos cuatro minutos. — ¿Anda[1] bien su reloj? — Sí, creo que anda bien. — El mío anda mal. — ¿Qué hora es en el suyo? — Las tres menos diez. — Pregunte la hora al señor Silva. — Señor Silva, sírvase decirme la hora. — Faltan tres minutos para las tres. — ¿Marcha bien su reloj? — Marcha perfectamente; ni adelanta ni atrasa; es un excelente cronómetro.

5.   — ¿Por qué no anda el reloj del comedor? — Porque no tiene cuerda. — Sírvase darle cuerda; ahí está la llave. — ¿No sabe Ud. dar cuerda a un reloj? Páseme entonces la llave y dígame la hora. — Son las tres en punto. El reloj del otro cuarto está dando[2] la hora; ¿oye Ud.? — Sí, oigo; el reloj de la oficina también acaba de dar[3] las tres.

6.   Su hermano de Ud. tiene un reloj muy bueno. — Sí, pero ahora no anda; está descompuesto. — Entonces debe llevarlo a la relojería. — No, él mismo puede componerlo. — ¿Cree Ud. que él mismo puede hacerlo? Sí, estoy seguro. — ¿Quién dice que el señor Silva no comprende esta lección? — Él mismo lo dice. — Uds. mismos deben decirme si no comprenden mis explicaciones. Si Uds. no me dicen nada, yo creo que Uds. comprenden.

7.   Si un estudiante o empleado llega a la clase o a la oficina antes de la hora de entrada, se dice que llega **temprano**; por el contrario, si llega después de la hora fijada, se dice que llega **tarde**.

La clase empieza a las ocho y diez y acaba a las nueve; dura, por lo tanto, cincuenta minutos. Algunos estudiantes llegan tarde, a las ocho y cuarto u ocho y veinte, pero la mayor parte llega **a tiempo**. El señor Cáceres es un buen estudiante; no llega nunca tarde y nunca falta a clase. El

---

[1] The use of *andar* is idiomatic in this case.
[2] *El reloj está dando la hora* = The clock is striking the hour.
[3] *Acaba de dar las tres* = Has just struck three.

señor López está hoy ausente. Lo contrario de **ausente es presente.**

8.   Cuando en Londres son las 12 del día, en Nueva York son las 7 de la mañana; en Nueva Orleans, Jackson, San Luis, Springfield, Madison y las demás ciudades que están en el mismo meridiano, son las 6 de la mañana; en Denver (Col.), las 5; y en San Francisco, las 4. Cuando en Nueva York es el medio día (12 M.)[1], en San Francisco son las 9 A.M.[2] y en Londres las 5 P.M.[3]

EJERCICIO

9.   1. ¿Cómo se llaman las manecillas de un reloj? 2. Escriba los diminutivos de "máquina," "calle," "papel," "caja," "ventana," "pluma," "negro" y "chico." 3. ¿Qué hora es en su reloj? 4. ¿A qué hora se levanta Ud.? 5. ¿A qué hora toma desayuno? 6. ¿A qué hora empieza la clase de español? 7. ¿A qué hora termina? 8. ¿Anda bien su reloj? 9. ¿Anda su reloj cuando no tiene cuerda? 10. ¿Qué hace Ud. cuando su reloj no tiene cuerda? 11. ¿Con qué se da cuerda a un reloj de pared? 12. ¿Puede componer su reloj Ud. mismo? 13. ¿Llega Ud. siempre a tiempo a clase? 14. ¿Llega tarde a su trabajo un buen empleado?

---

[1] *doce meridiano.*   [2] *nueve antemeridiano.*   [3] *cinco pasado meridiano.*

LECCIÓN VEINTIDÓS

(Presente)

1. — ¿Qué **hace** Ud. durante el día?

—**Me levanto** temprano por la mañana. **Me lavo, me visto** y **tomo** desayuno antes de las siete y media. **Salgo** de casa a las siete y media en punto, **compro** el periódico y **tomo** el tranvía. **Leo** las noticias más importantes y a veces **converso** con algún amigo. **Llego** a la oficina a las ocho.

2. Todas las mañanas **recibo** mucha correspondencia, especialmente los lunes. **Abro** las cartas, las **leo** y cuando **deseo** contestarlas **llamo** a mi secretario, que es un buen estenógrafo y **puede** escribir muy de prisa. Yo le **dicto** las contestaciones a las cartas que **recibo**. Él las **escribe** después a máquina. Si le **dicto** demasiado de prisa, él no **comprende** y me **dice:** "Señor, sírvase repetir la última frase." A las cuatro, más o menos, me **trae** las cartas que **debo** firmar. Las **deja** sobre mi escritorio y las **firmo** antes de las 5. Un empleado **toma** después las cartas, las **dobla** y las **pone** en sus correspondientes sobres. A las 6 las **lleva** a la Oficina de Correos, **compra** sellos, **pega** los sellos en los sobres y **echa** las cartas al buzón.

3. Cuando **necesitamos** papel, sobres, tinta, lápices o plumas, **vamos** a comprar estos artículos a una tienda de efectos de escritorio. Además de los artículos mencionados **podemos** comprar allí papel secante, libros en blanco, reglas, cortapapeles, etc.

comprar	levantarse	comprender	vestirse
compro	me levanto	comprendo	me visto
compra	se levanta	comprende	se viste
compramos	nos levantamos	comprendemos	nos vestimos
compran	se levantan	comprenden	se visten

(Pasado — I)

4.   — ¿Qué **ha hecho** Ud. hoy?
— **He trabajado** todo el día, desde las ocho hasta las seis y media. — ¿Qué **ha hecho?** — **He contestado** todas las cartas que **he recibido; he copiado** los documentos que Ud. me **ha enviado; he escrito** dos nuevos artículos para le periódico español que se publica en Nueva York; **he preparado** el trabajo para la semana próxima; **he traducido** dos cartas del español al inglés; **he leído** varios artículos interesantes, y, además, **he hecho** dos visitas muy importantes. — Veo que Ud. **ha trabajado** mucho y **ha hecho** muchas cosas.

5.   — ¿Qué **han hecho** los empleados hoy en la mañana? — El señor Moreno **ha contestado** cinco cartas en español que **hemos recibido**; el señor Astorga **ha copiado** en este libro los telegramas que **hemos enviado** a nuestros agentes y corresponsales; los estenógrafos **han escrito** a máquina la nueva lista de precios; el portero **ha ido** dos veces al correo a traer la correspondencia; algunos empleados **han hablado** por teléfono. Muchas personas **han venido** a comprar; otras solamente **han preguntado** los precios de los artículos que **hemos recibido** últimamente. Todos los empleados **han estado** muy ocupados.

6.   — ¿**Ha visto** Ud. hoy al señor Molina? — No le **he visto,** pero **he hablado** con él por teléfono. — ¿Le **ha preguntado** Ud. dónde vive su hermano? — No, pero él me **ha dicho** que su hermano **ha vendido** la máquina Remington y **comprado** una Underwood. — ¿Cree Ud. que todos los estudiantes **han comprendido** las explicaciones del profesor? — Creo que sí[1]; los que **han estado** en clase, los que **han prestado** atención y preparado los ejercicios en sus casas seguramente las **han comprendido.** Casi todos los estudiantes **han sido** muy atentos y **han repasado** las lecciones en sus casas.

---

[1] *Creo que sí*, I believe yes, or I believe they have (understood).

7. — ¿Sabe Ud. si los señores Moreno Hermanos **han hecho** esa transacción con los representantes de Grace y Cía. en esta ciudad? — Creo que aun no **han firmado** el contrato. Los señores Grace y Cía. nos **han llamado** por teléfono y nos **han preguntado** si conocemos a Don Juan Moreno. Les **hemos contestado** que le conocemos desde hace mucho tiempo y que es un comerciante muy serio y respetable.

comprar	levantarse	comprender	vestirse
he comprado	*me he levantado*	*he comprendido*	*me he vestido*
ha "	*se ha* "	*ha* "	*se ha* "
hemos "	*nos hemos* "	*hemos* "	*nos hemos* "
han "	*se han* "	*han* "	*se han* "

EJERCICIO
Parte I

8. 1. ¿A qué hora se levanta Ud.? 2. ¿A qué hora sale de casa? 3. ¿A quién llama el Presidente cuando desea contestar las cartas? 4. ¿Qué dice Ud.? 5. ¿Puede Ud. escribir a máquina? 6. ¿Deben estudiar los estudiantes si desean aprender español? 7. ¿Necesita Ud. algo? 8. ¿Dónde compramos papel, plumas y sobres? 9. ¿Qué obtenemos cuando compramos en grandes cantidades? 10. ¿Dónde vamos ahora? 11. ¿Quién dobla las cartas? 12. ¿Quién las lleva al correo?

Parte II

9. 1. ¿Ha estudiado Ud. su lección? 2. ¿Ha recibido Ud. alguna carta? 3. ¿Ha ido Ud. a la casa de su amigo? 4. ¿Ha visto Ud. al Presidente? 5. ¿Hemos estudiado la lección 30? 6. ¿Han comprendido los estudiantes mis explicaciones? 7. ¿Ha contestado Ud. esa carta? 8. ¿Ha firmado Ud. el documento? 9. ¿Qué periódico ha leído Ud.? 10. ¿Ha estado Ud. en Wáshington? 11. ¿Qué ha hecho Ud. hoy? 12. ¿Han traducido los ejercicios los estudiantes?

LECCIÓN VEINTITRÉS

(Pasado — II)

1. — ¿Qué **hizo** Ud. ayer?

    — Ayer **me levanté** muy temprano; **me lavé** y **me vestí** antes de las siete; a las siete en punto **tomé** desayuno y **salí** de casa a las siete y media. En el tren **leí** el periódico y **conversé** con mi amigo Manterola. **Llegué** a la oficina a las ocho y **trabajé** hasta las seis.

    Recibí más correspondencia que los días anteriores; el señor González **recibió** muy pocas cartas. Yo **abrí** la correspondencia extranjera y mi secretario **abrió** la correspondencia del interior. **Leí** todas las cartas y **dicté** a mi secretario las contestaciones a las más importantes y urgentes; **dejé** las demás para el día siguiente. Mi secretario **escribió** las cartas a máquina y me las **trajo** poco antes de las cinco. Yo las **firmé**, el portero las **puso** en sus correspondientes sobres y las **llevó** al Correo.

2. **Recibimos** tres cartas en español, una de Buenos Aires, una de Santiago de Cuba y una de Santiago de Chile. No **pudimos** comprender algunas expresiones de estas cartas, pero mi secretario **pudo** traducirlas con ayuda de un buen diccionario que tenemos en la oficina.

    El señor Morgan **vino** a hacerme una visita. **Llegó** a la oficina cerca de las 2 y se **fué** a las 3. **Conversamos** largamente sobre unas transacciones con la casa Grace y Cía. Me **dijo** que ayer **firmó** el contrato con la firma comercial mencionada.

3. Ayer **tuve** mucho trabajo; **trabajé** todo el día. **Salí** de la oficina a las seis y **llegué** muy tarde a casa. Al pasar [1] por la

---

[1] *Al*, followed by an infinitive, corresponds to the English *on* followed by a gerund: *al pasar* = on passing.

librería que hay cerca de la estación, **vi** un libro titulado
"Las Relaciones Comerciales entre los Estados Unidos y la
América del Sur." **Entré, pregunté** el precio, **pagué** por él
$1,50 (un dólar cincuenta) y **comencé** a leerlo en el tren.
Aun no he terminado de leerlo; es un libro muy interesante
y útil.

comprar	levantarse	comprender	vestirse
compré	*me levanté*	*comprendí*	*me vestí*
compró	*se levantó*	*comprendió*	*se vistió*
compramos	*nos levantamos*	*comprendimos*	*nos vestimos*
compraron	*se levantaron*	*comprendieron*	*se vistieron*

(Futuro)

4. — ¿Qué **hará** Ud. mañana?

— Mañana **me levantaré** muy temprano. **Me lavaré** y
vestiré de prisa; **tomaré** desayuno antes de las siete y **saldré**
a las siete de casa. **Llegaré** a la oficina a las siete y media.

Como mañana **será** sábado, **tendré** mucho que hacer, y
como **trabajaré** solamente hasta las dos, **empezaré** mi trabajo antes de las ocho.

5. El cajero **pagará** sus sueldos a los empleados; los empleados
firmarán los correspondientes recibos. **Recibiremos**, sin duda,
varias cartas con documentos comerciales. No **podremos**
contestar todas las cartas antes de las dos. **Contestaremos**
las más urgentes y **dejaremos** las demás para el lunes. El
secretario **irá** a visitar al Presidente de la Compañía de
Teléfonos y el señor Silva **visitará** al Notario Público. El
contrato con la casa Astorga Hnos. **será** firmado antes de las
doce.

El señor Morán **vendrá** a verme. **Hablaremos** de la necesidad de establecer dos agencias de nuestra casa en Sud
América: una en Buenos Aires y otra en Valparaíso. El
señor Morán **partirá** para Valparaíso a principios del mes
próximo. **Estudiará** las condiciones de los mercados sudamericanos.

6. Por la noche **iré** al teatro con mis amigos. **Iremos** a ver el famoso drama "El Mercader de Venecia." La función **terminará,** sin duda, después de media noche y **llegaremos** tarde a casa. El domingo **me levantaré** tarde. **Iré** a la iglesia y después **leeré** el periódico. Mi amigo Martínez **vendrá** a hacerme una visita. Le **invitaré** a comer y **conversaremos** de muchas cosas de mutuo interés para nosotros.

comprar	levantarse	vender	vestirse
compraré	*me levantaré*	*venderé*	*me vestiré*
comprará	*se levantará*	*venderá*	*se vestirá*
compraremos	*nos levantaremos*	*venderemos*	*nos vestiremos*
comprarán	*se levantarán*	*venderán*	*se vestirán*

EJERCICIO

Parte I

7. 1. ¿A qué hora se levantó Ud. ayer? 2. ¿Qué periódico leyó? 3. ¿Llegó Ud. tarde o temprano a clase? 4. ¿Escribió Ud. el ejercicio correspondiente a la lección anterior? 5. ¿Trajo Ud. su libro y su cuaderno de ejercicios? 6. ¿Quién firmó el contrato con la casa Astorga y Cía.? 7. ¿Cuántas cartas en español recibieron? 8. ¿Cómo pudo el secretario traducir las cartas? 9. ¿Cuántas horas trabajó Ud. ayer? 10. ¿Estudió Ud. su lección?

Parte II

8. 1. ¿Qué día será mañana? 2. ¿Irán a la oficina los empleados el próximo domingo? 3. ¿Verá Ud. a su amigo mañana? 4. ¿A qué hora se levantará Ud. pasado mañana? 5. ¿Vendrá Ud. a verme la semana próxima? 6. ¿Estudiará Ud. su lección para la próxima clase? 7. ¿A qué hora empezará la lección? 8. ¿A qué hora terminará? 9. ¿Lo invitarán ellos a Ud.? 10. ¿Lo veré yo a Ud. mañana?

LECCIÓN VEINTICUATRO

1. Las estaciones del año son cuatro: **primavera, verano, otoño e invierno.** La primavera es la estación de las flores; el verano es la estación del calor; el otoño es la estación de las frutas y el invierno la del frío.

    El cielo es azul. El sol está en el cielo. Vemos el sol durante el día; de noche, vemos la luna, los planetas y las estrellas en el cielo. El sol sale por el este u oriente y se pone por el oeste u occidente. En verano el sol sale muy temprano, a las cuatro o cuatro y media de la mañana; en invierno sale muy tarde, a las seis y media o siete. El sol se pone muy tarde en verano y muy temprano en invierno.

2. — ¿Por qué son más largos los días en verano que en invierno? — Porque el sol sale más temprano y se pone más tarde. — ¿Por qué son tan largas las noches en invierno? — Sencillamente porque el sol se pone muy temprano y sale muy tarde.

    En verano hace [1] calor y en invierno hace frío. En primavera y en otoño no hace demasiado calor ni demasiado frío; la temperatura es generalmente agradable. El termómetro marca la temperatura; es un instrumento que sirve para medir la temperatura. En invierno el termómetro a veces baja hasta cero grado; en algunas partes, donde hace mucho frío, marca a veces 10 y 20 grados bajo cero. En verano, cuando hace tanto calor, sube hasta 80 grados, y en algunas partes el mercurio llega hasta 90 y cien grados.

3. En invierno hace [1] generalmente mal tiempo: llueve, nieva, hace [1] viento y frío. Es desagradable salir a la calle en in-

---

[1] Note the idiomatic uses of the verb *hacer*. *Hace calor* (it is warm); *hace frío* (it is cold); *hace mal tiempo* (it is bad weather); *hace viento* (it is windy); *hace sol* (it is sunny).

vierno cuando hace mal tiempo; es necesario ponerse un
impermeable o llevar un paraguas para protegernos de la
lluvia y de la nieve. Cuando hace mucho frío no me gusta
salir; prefiero quedarme en casa y sentarme cerca de la
estufa a estudiar mis lecciones de español.

4.   — ¿Ha vivido Ud. en California? — Sí, hace[1] tres años
pasé seis meses en el sur de California. Me gusta mucho el
clima de esa parte del país; hace siempre buen tiempo.[2] —
— ¿Cómo está hoy el día? — Tenemos un día hermosísimo;
hace un sol espléndido, pero el barómetro anuncia lluvia. El
barómetro es un instrumento que sirve para medir la presión
atmosférica. Creo, pues, que lloverá esta noche o mañana
por la mañana.[3] — ¿Cree Ud. que tendremos lluvia? — Yo
creo que sí, pero mi padre dice que no.[4]

5.   — ¿Le agrada a Ud. pasar el verano aquí o le gusta más
su ciudad natal? — Me gusta más aquí. En la ciudad donde
yo nací, crecí y me eduqué, hay muchos mosquitos; por eso,
no me gusta vivir allá. Hay tantos mosquitos que casi se
lo comen a uno vivo durante la noche y no se puede dormir.

6.   — ¿Dónde viven sus hermanos? — Uno vive en Cuba; el
otro, aquí. — ¿Es Ud. el mayor de la familia? — No, soy el
menor; el que vive en Cuba es el mayor; se casó hace cuatro
años, pero su señora se murió el año pasado, y ahora es viudo.
El otro hermano, que vive aquí, es el segundo. — ¿Es soltero? — No, es casado; se casó hace poco más de un año con
una señorita de Chicago. — ¿Viven los padres de Ud.? — Sí,
ambos viven y gozan de buena salud, gracias a Dios. Mi
padre tiene 60 años de edad, y mi madre es un poco más
joven. — ¿Qué edad tiene Ud.? — Tengo 20 años. — ¿No

---

[1] Another idiomatic use of *hacer*. *Hace tres años*, 3 years ago. *Hace mucho
tiempo*, A long time ago; long ago.

[2] Good weather.

[3] *Mañana por la mañana*, to-morrow morning; the word *mañana* has two meanings: "to-morrow" and "morning."

[4] *Yo creo que sí, pero mi padre dice que no*, I think yes, but my father says no.
(I believe it will (rain), but my father says it will not.)

tiene Ud. ninguna hermana? — Tenía una, pero se murió cuando era niña; ahora tengo sólo una cuñada o hermana política: la esposa de mi hermano. — ¿Cuántos hijos tiene su hermano? — Tiene sólo uno, un chico de tres o cuatro meses, que se llama Juan, lo mismo que su padre.

EJERCICIO

7.   1. ¿Cuál de las cuatro estaciones le gusta a Ud. más y por qué? 2. ¿Cómo se llama el punto cardinal por donde el sol sale y cómo el opuesto? 3. ¿Por qué son tan cortas las noches en verano? 4. ¿Cuál es la temperatura media[1] en invierno en esta ciudad? 5. ¿A cuánto sube el mercurio en verano? 6. ¿Qué hace Ud. (qué se pone) cuando tiene frío? 7. ¿Cuánto tiempo ha vivido Ud. en esta ciudad? 8. ¿Cree Ud. que tendremos buen tiempo mañana? 9. ¿En qué estación llueve mucho? 10. ¿Qué prefiere Ud., la lluvia o la nieve? 11. ¿Cómo se llaman los insectos que nos molestan tanto en verano? 12. ¿Cuántos hermanos y cuántas hermanas tiene Ud. y qué edad tienen? 13. ¿Son casados, solteros o viudos? 14. ¿Goza Ud. siempre de buena salud? 15. ¿Desea Ud. viajar por los países extranjeros?

---

[1] *Temperatura media*, average temperature.

LECCIÓN VEINTICINCO

1. La plata, el oro y el platino son metales preciosos. Los metales más comunes son los siguientes: el níquel, el cobre, el estaño, el cinc, el hierro, el acero, el aluminio, el plomo, el bronce, el latón, el azogue.

   El platino es un metal pesado; es el más pesado de todos los metales. El aluminio, por el contrario, es liviano (o ligero). El plomo es blando; Ud. puede cortarlo con su cortaplumas. El acero, por el contrario, es duro. El acero es una combinación de hierro y carbono. El acero es más duro y más flexible que el hierro. El bronce es una aleación de cobre con estaño; es un metal de un color amarillento rojizo. El latón es una aleación de cobre con cinc; tiene un color amarillo pálido. El azogue o mercurio es un metal líquido a la temperatura ordinaria; es blanco y brillante como la plata y más pesado que el plomo, pero no tan pesado como el platino.

2. Mi reloj es de plata; el suyo es de oro. — ¿De qué es hecha esa máquina de escribir? — Es hecha de hierro y acero. — ¿De qué es esta llave? — Es de acero. Esta mesa es de madera. Los muebles de este cuarto, es decir, la mesa, las sillas, el escritorio y el sofá, son de madera. Los muebles se hacen de madera. Esa botella es de vidrio. Su chaqueta es de lana; las telas de clase ordinaria y barata se hacen de algodón. Su corbata es de seda. Mis zapatos son de cuero. Mi pañuelo es de hilo. Nuestros sombreros de verano son de paja. Ese edificio es de piedra; éste es de ladrillo. Las tapas de este libro son de cartón. La estatua de Venus de Milo es de mármol.

3. Las monedas se hacen de metal. Aquí tengo varias monedas. Todas estas monedas son americanas. Estas cuatro son

de plata. La más pequeña es de diez centavos. Es la décima parte de un dólar. Un dólar tiene cien centavos; el centavo es, por lo tanto, la centésima parte del dólar. Esta otra moneda es de 25 centavos; es la cuarta parte de un dólar. Esta moneda (50 centavos) es el doble de esta otra (25 centavos) y la mitad de esta tercera (un dólar). Las monedas de cinco centavos son de níquel y las de un centavo, de cobre.

4. En los Estados Unidos también hay monedas de oro, pero el oro circula poco. El público prefiere los billetes a las pesadas monedas de oro o plata. El dólar de Méjico se llama peso. El peso tiene también cien centavos. La unidad monetaria de Argentina, Chile y varios otros países sudamericanos, es el peso. En Inglaterra la unidad monetaria se llama libra esterlina; en Francia, franco, y en España, peseta.

5. En algunas casas de comercio los empleados son pagados por semana (o semanalmente); en otras se les paga una vez al mes (mensualmente). El Presidente de la Compañía en que yo trabajo tiene un sueldo enorme. El secretario recibe un buen sueldo, porque es muy competente. Como José es sólo[1] un principiante, recibe un sueldo pequeño, pero el año entrante ganará más que ahora, si es puntual y trabajador. El primer estenógrafo tiene un sueldo anual de mil dólares.

6. — Me han dicho[2] que al joven Palma le han aumentado el sueldo; ¿es cierto? — Sí, es verdad; antes ganaba[3] solamente $60,00 mensuales, pero el Presidente lo llamó hace dos semanas y le dijo que desde el primero del corriente mes ganará $75,00. — Me alegro mucho de saberlo.[4] — El joven Palma ha sido un empleado muy constante en el trabajo

---

[1] When *solo* stands for *solamente* it bears an accent.

[2] They have told me; I have been told.

[3] *Ganaba* (*was earning* or *used to earn*) is the imperfect of *ganar*. This tense is used when we want to represent a state or action as habitual or protracted; sometimes it implies that the event or action spoken of was continuous or was happening when some other action or event took place. Infinitives ending in *-ar* form the imperfect in *-aba*; those ending in *-er* and *-ir* form the imperfect in *-ia*.

[4] I am very glad to hear it.

y muy puntual. — ¿Hace mucho tiempo que está en la casa? — Poco más de un año.

EJERCICIO

7. 1. ¿De qué metal es su reloj? 2. ¿De qué es construída la casa en que Ud. vive? 3. ¿De qué se hacen los cortaplumas, los cuchillos y las tijeras? 4. ¿De qué metal se hacen las cerraduras de las puertas? 5. ¿De qué son sus guantes? 6. ¿De qué se hacen los relojes de pared y de qué los de chimenea? 7. ¿De qué se hacen las máquinas de calcular? 8. ¿De qué se hacen generalmente las estatuas? 9. ¿Qué parte del dólar es el centavo? 10. ¿Por qué el público prefiere los billetes a las monedas metálicas? 11. ¿Cuál es la unidad monetaria de España? 12. ¿Le pagan a Ud. por semana o por mes? 13. ¿Le han aumentado el sueldo a su amigo? 14. ¿Cuánto ganaba antes? 15. ¿Cuánto gana ahora?

LECCIÓN VEINTISÉIS

1. Saludamos a una persona diciéndole, "buenos días," "buenas tardes" o "buenas noches." La otra persona puede contestar con una expresión semejante o repitiendo la que usa la primera. Nos despedimos de una persona diciéndole "Adiós," "Hasta mañana," "Hasta la vista," "Hasta luego."

2. — ¿Cómo está, señor Navas? ¡Cuánto gusto tengo de saludarle! (o "saludarlo"[1]). Hace mucho tiempo que no tengo este placer; ¿dónde ha estado Ud.? — También me alegro yo mucho de verle,[1] señor Sánchez. He pasado los últimos seis meses viajando por España y llegué solamente la semana pasada. — (Sr. S.) ¿Y cómo está su salud? — (Sr. N.) Bien, gracias; me siento muy bien; gozo de perfecta salud. Y Ud., ¿cómo está? — (Sr. S.) Me siento relativamente bien, pero mi mujer está muy mal. — (Sr. N.) ¿Está enferma su señora? ¿Qué tiene? — (Sr. S.) Sí, está gravemente enferma; tiene una seria afección al estómago y está sumamente débil. — (Sr. N.) ¿Guarda cama? — (Sr. S.) Se levanta, pero no puede salir. — (Sr. N.) Siento mucho la enfermedad de su señora y espero que pronto mejorará; hágame el favor de saludarla[1] y expresarle[2] mis deseos. — (Sr. S.) Muchas gracias, mi buen amigo.

3. — (Sr. S.) ¡Oh! ahí viene el señor Brown; ¿le(o lo) conoce Ud.? — (Sr. N.) No tengo el gusto de conocerle. — (Sr. S.) Venga, entonces, y permítame que se lo presente. Señor Brown, tengo el placer de presentarle a mi amigo Navas, que

---

[1] The accusative masculine pronoun has two forms (*le* and *lo*) in the singular; both can be used for a direct object. Therefore, *saludarle* or *saludarlo*, when referring to a man. When referring to a woman, the enclitic *la* must be used (*saludarla*) as direct object.

[2] The dative singular pronoun (indirect object) is *le* and is used for both genders; therefore *expresarle* (express to her, or tell her) and not *expresarla*.

acaba de regresar de España. — (Sr. B.) Mucho gusto de cono-
cerlo, señor Navas. — (Sr. N.) El gusto es para mí. Veo que
Ud. habla muy bien el español; ¿dónde lo aprendió? — (Sr.
B.) Antes de partir para la América del Sur, estudié las veinticinco primeras lecciones del libro del Profesor McHale, y
con la práctica que tuve durante los seis meses que perma-
necí en la parte sur del continente, he conseguido llegar a
hablarlo un poco. — (Sr. N.) ¡Oh! es Ud. muy modesto; como
le decía hace poco rato, lo habla Ud. perfectamente y su
pronunciación es irreprochable. — (Sr. B.) Gracias por la
galantería. Me gusta mucho la lengua castellana y no pierdo
oportunidad de practicarla, pues comprendo que mientras[1]
más practico más progreso.

4. — (Sr. N.) ¡Bien! caballeros, son las doce y media y es
hora de comer. Me permito invitarles a comer. — (Sr. S.)
Siento no poder aceptar su invitación, mi amigo; Ud. sabe
que mi mujer está enferma y me espera. — (Sr. B.) Yo
aceptaría[2] su atenta invitación, señor Navas, pero tengo que
ir a comprar varias cosas y después tengo que ir al banco;
sírvase por lo tanto disculparme. — (Sr. N.) Bien, espero
volver a tener el placer de saludarlo, señor Brown; me agrada
muchísimo oirlo hablar español tan bien. Algún día podremos
ir al teatro juntos y conversaremos. — (Sr. B.) Tendría
muchísimo gusto. Adiós, señor. — (Sr. N.) Hasta otro día,
Sr. Brown. Siento que Ud. no pueda[3] acompañarme, señor
Sánchez, pero comprendo que, estando enferma su señora,
no puede hacerlo. Actualmente[4] estoy muy ocupado, pero
cuando tenga[5] tiempo iré a hacerle una visita. Saludos por
su casa. — (Sr. S.) Gracias; hasta la vista.

---

[1] *Mientras* (or *cuánto*) *más . . . tanto más*, The more . . . the more. *Mientras
más estudio (tanto) más aprendo*, The more I study the more I learn. *Cuanto
menos trabajo, tanto menos gano*, The less I work the less I earn.

[2] *Yo aceptaría* (I would accept) is the conditional of *aceptar*. This tense is
formed by adding the terminations *ía, íamos, ían* to the infinitive.

[3] Present subjunctive of *poder* (*pueda, podamos, puedan*).

[4] *Actualmente* does not mean "actually," but "at present."

[5] Present subjunctive of *tener* (*tenga, tengamos, tengan*).

5.   El Sr. Navas llega al hotel y dice al mozo: "Sírvame la comida inmediatamente, porque tengo[1] mucha hambre; déme un vaso grande de limonada, porque tengo sed.[1] La sopa está desabrida y no hay sal en la mesa. — Tiene[1] Ud. razón; aquí tiene la sal, señor. — Dormí mal anoche y ahora tengo[1] mucho sueño y me duele la cabeza. — Tal vez (o Quizá) Ud. se ha resfriado. — Tengo[1] mucho calor; déme otro vaso de limonada. — Pero, señor, Ud. toma limonada y más limonada y no come nada. — No tengo apetito. Déme algunas fresas con crema y una taza pequeña de café sin leche. — Muy bien, señor. Ya está Ud. servido. — ¿Cuánto es? — Noventa centavos, señor. Gracias, caballero.

EJERCICIO

6.   1. ¿Cómo saluda Ud. a una persona antes de las 12 del día? 2. ¿Cómo saluda Ud. a un amigo en la tarde y cómo durante la noche o al ir a acostarse? 3. ¿Qué expresión emplea Ud. para despedirse de una persona a quién espera volver a ver pronto o en el mismo día? 4. ¿Qué dice Ud. cuando se encuentra con un íntimo amigo a quién no ha visto durante mucho tiempo? 5. ¿Cómo pregunta Ud. a una persona por su salud? 6. Emplee Ud. el verbo *sentirse* para indicar que goza de buena salud. 7. ¿Está Ud. enfermo? 8. ¿Qué tiene? 9. ¿Qué deseos expresa Ud. respecto a la salud de un amigo que está enfermo? 10. ¿Por qué no aceptan los señores S. y B. la invitación a comer del señor N.? 11. ¿Qué frase emplea Ud. cuando desea presentar un amigo a otro? 12. ¿Qué dice Ud. cuando es presentado a otra persona? 13. Escriba cuatro frases que contengan usos idiomáticos del verbo "tener."

---

[1] These are idiomatic uses of the verb *tener*. *Tengo hambre*, I am hungry; *tengo sed*, I am thirsty; *Ud. tiene razón*, you are right; *tengo sueño*, I am sleepy; *tengo calor*, I am warm; *tengo frío*, I am cold.

LECCIÓN VEINTISIETE

1. El hombre que hace o vende sombreros se llama **sombrerero**. La tienda de un sombrerero se llama **sombrerería**. El hombre que hace o vende zapatos se llama zapatero y su tienda es una zapatería. Relojero es el hombre que hace, compone o vende relojes y relojería es su tienda. Llámase librero la persona que vende libros, y librería la tienda en que se los vende. Se venden joyas en las joyerías, y joyeros son los que las venden. Compramos pan en las panaderías, y llámanse panaderos los hombres que lo hacen o venden.

2. Mis zapatos están ya muy viejos. Voy a comprar un par nuevo. Ahí hay una zapatería. Me gustan esos zapatos de color amarillo que hay aquí en el escaparate. Me parece[1] que en esta tienda venden a precio fijo. Entraré a preguntar cuánto valen. — ¿Cuánto valen esos zapatos amarillos que tiene en el escaparate? — Valen $7,00. — Son muy caros. ¿No tiene más baratos? —¡Oh! sí, tenemos también a 4, 5, y 6 dólares. — ¿Cuál es el precio de este par? — Este par vale $5. — Creo que éstos serán demasiado grandes para mí; ¿quiere mostrarme un par de esta clase, pero del número 7? —Inmediatamente, señor; sírvase tomar asiento. —Me viene perfectamente este par; lo tomaré; sírvase envolvérmelo. — Aquí tiene diez dólares. — El precio es cinco dólares, señor, y cinco de vuelta son diez. — Muchas gracias. — Para servir a Ud.,[2] caballero.

3. — Mañana salgo para Chicago, señor Navas; ¿se le ofrece a Ud. algo? — ¿En qué tren se va? — Me voy en el expreso que parte a las 8 y media de la mañana. — ¿Qué va a hacer a Chicago? — Voy por asuntos de negocios. Ud. sabe que

---

[1] *Me parece* is a form of the verb "parecer" (to appear, to seem). "It appears to me; it seems to me."

[2] At your service.

tengo un agente en esa ciudad. — Sí, lo conozco; ¿no es el señor Alcorta? — Sí, es el menor [1] de los Alcorta; el hermano mayor [2] trabaja por cuenta propia. [3] Anoche recibí un telegrama de mi agente en el que me dice que hay posibilidad de entrar en negociaciones con una de las principales casas exportadoras de Chicago, y creo que vale la pena [4] molestarse con el largo viaje por ferrocarril. — Le deseo feliz éxito en el objeto de su viaje. — Mucho le agradezco sus buenos deseos.

4. Compramos te, café y azúcar, por libra o por kilo; aceite, vino y vinagre, por botella o por litro; carbón, por tonelada; tela para nuestros trajes, por metro o por yarda; guantes y zapatos, por par. Cuando queremos comprar algo vamos a las tiendas. El dependiente nos pregunta: "¿Qué desea, caballero (señora, señorita)? ¿Qué necesita? ¿Qué puedo ofrecerle? ¿En qué puedo servirle?" o usa alguna otra expresión parecida. Nosotros contestamos: "Necesito pañuelos blancos de buena clase. Sírvase mostrarme papel de buena clase para escribir a máquina. ¿Tiene lápices Faber Nº 2? Quiero comprar un paraguas de seda. ¿Cuánto valen los sombreros que tiene en el escaparate? ¿De qué precio son estos guantes? Necesito un par de guantes del siete y medio, de color gris. Deseo comprar una máquina de escribir; sírvase decirme los precios de las diferentes marcas e indicarme las condiciones de pago."

5. En ciertos casos tenemos que indicar la forma, color, peso o tamaño de lo que queremos comprar; en otros casos debemos preguntar al dependiente el peso o tamaño del artículo que nos muestra y decimos: "¿Cuánto pesa esta caja de hierro?; ¿cuánto mide? ¿Cuántos metros de largo tiene esta mesa? ¿Qué ancho tiene esta tela? ¿De qué alto es ese escritorio? ¿Cuántos centímetros de altura tiene?"

---

[1] *Es el menor* (*es el hermano menor*), He is the younger brother.
[2] *El hermano mayor*, The elder (senior) brother.
[3] *Por cuenta propia*, For his own account.   [4] *Vale la pena*, It is worth while.

El dependiente contestará: "Pesa doscientos kilos (kilogramos) (880 libras; 1 kilo equivale a 2,2 libras[1]). Mide un metro de alto, por sesenta centímetros de ancho y cuarenta de grueso. Esta mesa tiene 3 metros de largo. Esta tela tiene 91 centímetros de ancho (una yarda). Tiene dos y medio pies de altura."

EJERCICIO

6.   1. ¿Cómo se llaman los lugares donde compramos libros, zapatos, camisas, carne, leche, y cómo las personas que venden estos artículos? 2. ¿Cómo se llama la parte resguardada con cristales que hay en la parte exterior de las tiendas y en la que se exhiben muestras de los artículos que en ella se venden, a fin de que llamen la atención del público? 3. ¿Venden a precio fijo en todas las tiendas? 4. ¿Es barato un par de zapatos por $10? 5. ¿Cómo se llama el sobrante que el vendedor devuelve al comprador que le ha pagado con un billete de $10 un artículo que sólo vale $7? 6. ¿Cómo ofrece Ud. asiento a una persona? 7. ¿Le viene a Ud. bien el sombrero de su amigo? 8. ¿Cómo ofrece Ud. sus servicios a una persona? 9. ¿Trabaja por cuenta ajena (de otra persona) el mayor de los hermanos Alcorta? 10. ¿Qué objeto tiene el viaje a Chicago del comerciante de quien habla la lección anterior? 11. ¿Con quién espera entrar en negociaciones? 12. ¿Si un amigo de Ud. va a emprender un negocio ¿cómo le expresa Ud. sus buenos deseos? 13. Escriba cinco frases, semejantes a las de la lección anterior, preguntando a un dependiente por algún artículo. 14. Escriba las correspondientes contestaciones. 15. ¿Cuánto pesa Ud. y qué altura tiene?

---

[1] *2,2 libras* (2 libras y dos décimos de libra).

LECCIÓN VEINTIOCHO

1. En España y en la América del Sur se hacen generalmente tres comidas diarias, que se llaman desayuno, almuerzo y comida. Algunas personas cenan. La cena es una comida que se toma por la noche y que no es la principal del día. Merienda es una comida ligera que se hace por la tarde antes de la cena. En algunas partes no dicen "merendar" sino "tomar las once."[1] El alimento principal que cada día toman las personas se llama "comida."

2. "¿Cuáles son las horas de comida?" pregunta un pasajero al camarero del hotel, y éste responde: "Desayuno de 7 a 9; almuerzo de 11:30 A.M. a 1:30 P.M. y comida de 7 a 9, pero Ud. puede comer a la carta a la hora que guste" (o a cualquier hora). — ¿Cuáles son sus horas de clase? — Tengo clase de español de 8 a 9 un día sí y otro no (o cada dos días); de Estenografía de 9 a 10 dos veces por semana y de Aritmética comercial todos los días de 10 a 11. — ¿No tiene Ud. clases por la tarde? — No; por la tarde estudio mis lecciones y preparo mis ejercicios.

3. ¿Qué horas de oficina tiene su amigo? — Sus horas de oficina son 9 a 5, con una hora a medio día para el almuerzo. — ¿Cuáles son las horas de oficina en los bancos? — En casi todos los bancos las horas de oficina son 9 a 5 para los empleados y 10 a 3 para el público. — ¿Y en las oficinas públicas? — En la Sub Tesorería, las mismas que en los bancos; las oficinas municipales se abren más temprano y se cierran más tarde; en la Administración Principal de Correos, 8 a 7; en la Aduana, 9 a 5, y la Biblioteca Pública está abierta desde las 9 de la mañana hasta las 10 de la noche los días de

---

[1] *Las once* — a light meal originally taken between 11 and 12 and now generally in the afternoon.

trabajo y desde la 1 P.M. hasta las 10 P.M. los domingos.
— ¿Y en las oficinas del Gobierno? — Hace pocos días estuve
en Wáshington y ví en uno de los Ministerios un aviso que,
si no me equivoco, decía: "Horas de oficina: 9 A.M. a 4:30
P.M."

4.   La corporación formada por el Alcalde y los concejales o
regidores, para la administración de los intereses de los habitantes de una ciudad, se llama Municipalidad o Ayuntamiento. El presidente del Ayuntamiento de cada distrito
municipal se llama Alcalde. El Alcalde es una de las principales autoridades locales. El representante del Gobierno
y Jefe superior de un estado, provincia, ciudad o territorio se
llama generalmente Gobernador. El cuerpo encargado de
vigilar por el mantenimiento del orden público y la seguridad
de los ciudadanos, se llama policía.

5.   La ley fundamental de la constitución de un Estado se
llama *Constitución*. La Constitución de los Estados Unidos
está dividida en tres poderes: el Poder Legislativo, el Poder
Ejecutivo y el Poder Judicial.

El Poder Legislativo está constituído por el Congreso,
formado por el Senado y la Cámara de Representantes. En
las cámaras reside la potestad de hacer y reformar las leyes.
El Poder Judicial es el que ejerce la administración de justicia y reside en la Corte Suprema, Cortes de Apelaciones y
demás tribunales de justicia que establece la ley. El Poder
Ejecutivo es el que tiene a su cargo gobernar el país y hacer
observar las leyes. El Presidente de la República es el Jefe
del Poder Ejecutivo, y lo ejerce con la indispensable cooperación de los Ministros o Secretarios de Estado, Tesoro, Interior, Agricultura, Guerra, Marina, Comercio y Trabajo. El
Director General de Correos y el Fiscal del Gobierno forman
también parte del Gabinete o Ministerio.

6.   La Unión Panamericana es una institución de carácter
internacional, formada con el objeto de promover las rela-

ciones comerciales entre los Estados Unidos y las repúblicas iberoamericanas. Tiene su asiento en Wáshington y su Consejo Directivo es formado por los representantes diplomáticos (embajadores, enviados extraordinarios y ministros plenipotenciarios y encargados de negocios) de las veinte repúblicas iberoamericanas y el Secretario de·Estado de los Estados Unidos.

EJERCICIO

7. 1. ¿Cuántas comidas toma Ud. por día y a qué horas? 2. ¿Qué días tiene Ud. clase de español y a qué hora? 3. ¿Cuáles son sus horas de oficina (o las de su amigo)? 4. ¿A qué hora abren y a qué hora cierran los bancos? 5. Nombre las principales autoridades locales. 6. ¿Ha leído Ud. la Constitución? 7. ¿Por cuántos años es elegido el Presidente de los Estados Unidos? 8. ¿Quién lo elige? 9. ¿Quién elige a los electores? 10. ¿Cómo se llama el Secretario de Estado? 11. ¿Cuál es la corte de justicia más importante? 12. ¿Quién hace las leyes? 13. ¿Quién hace cumplir las leyes? 14. ¿Cuáles son los representantes diplomáticos de más alto rango? 15. ¿Por qué es la Unión Panamericana una institución importante?

LECCIÓN VEINTINUEVE

1. Si queremos ir de un lugar a otro, podemos hacerlo de muchas maneras. Si el lugar donde queremos ir está cerca, podemos ir a pie o en coche; si está algo distante, podemos ir a caballo, en bicicleta o en automóvil; si está muy lejos, vamos en tren o en vapor.

Cuando queremos viajar por tren vamos a la estación y compramos un billete. Al empleado del despacho de billetes decimos por la ventanilla: "Déme un billete de primera clase para Santiago," o simplemente "Santiago, primera." Si pensamos volver pronto, tomamos un billete de ida y vuelta. Si nuestra intención es hacer un viaje largo, llevamos más equipaje, un baúl o dos o tres maletas.

2. Cuando el conductor da la señal de partida, ya todos los viajeros han entrado al tren y tomado sus asientos. Algunas personas prefieren viajar de noche y toman el tren nocturno, que lleva varios coches-camas o coches-dormitorios y un coche-comedor o vagón-restaurant. El tren se compone de la locomotora, el ténder y cierto número de vagones. Hay diversas clases de trenes; las principales son: tren expreso, tren ordinario, tren correo, tren directo, tren especial, tren mixto, tren de mercancías, etc.

3. Para viajar por mar debemos embarcarnos en un vapor. Supongamos que tenemos que ir a Madrid. Tomamos pasaje con la Compañía Transatlántica Española. Nos embarcamos en Nueva York con destino a Vigo o Cádiz. Permanecemos unos 12 días a bordo del vapor, en el que tenemos una pequeña habitación que se llama camarote. Al llegar al puerto de destino, tenemos que pasar con nuestro equipaje por la Aduana. Uno de los aduaneros nos pregunta: "¿Tienen algo que declarar?" Cuando se viaja, es conveniente llevar

algún documento de identidad. En tiempo de guerra se debe viajar con pasaporte para evitarse molestias.

4. Nueva York es sin disputa la ciudad más importante del continente americano y uno de los principales centros comerciales del mundo. Su situación geográfica es sin igual: está situada entre dos ríos navegables y es accesible a toda clase de buques, vapores y naves de guerra, por grandes que sean.

La vista que el puerto ofrece al viajero que llega por vapor es imponente. En una de las varias pequeñas islas que hay en la bahía, se levanta la estatua de la Libertad, presentada por Francia a los Estados Unidos en 1886 en conmemoración del primer centenario de la declaración de la Independencia.

5. Un sinnúmero de buenos desembarcaderos e inmensos muelles facilitan la carga y descarga de los innumerables vapores, grandes transatlánticos y buques de vela que visitan el puerto. Cuenta también el puerto con diques flotantes, dársenas, arsenales y un astillero, donde se construyen grandes buques de guerra.

Esta metrópoli es famosa por sus colosales edificios, algunos de los cuales tienen 30, 40 y más pisos de alto; por su sistema de ferrocarriles elevados y subterráneos; por sus túneles bajo el río; por sus enormes y hermosas estaciones de ferrocarril y gigantescos puentes colgantes. Todo esto causa con razón la admiración del viajero.

6. Nueva York es notable por sus hoteles, universidades, colegios, institutos, bibliotecas públicas y parques. Entre los teatros, el principal es el de la Ópera; entre las iglesias, debemos mencionar la catedral de San Patricio, y entre los museos los principales son, el Museo de Arte y el Museo de Historia Natural. El Jardín Botánico, el Jardín Zoológico y el Acuario son muy visitados por el público.

Entre los edificios que merecen mención especial están los siguientes: la Aduana, el Correo, la Bolsa, la Sub Tesorería, la Cámara de Comercio, la Cámara de Compensación, el

Banco Nacional de la Ciudad de Nueva York, el edificio Municipal y los de las Compañías de Seguros la Equitativa, la Mutual, la Nueva York y la Metropolitana. El edificio Woolworth es el más alto del mundo.

EJERCICIO

7.   1. Si Ud. quiere ir a un lugar que está a corta distancia, ¿cómo lo hace Ud.? 2. ¿Cómo iría Ud. a un lugar que está a 2 millas de distancia? 3. ¿Cómo iría Ud. de Nueva York a Chicago? 4. ¿Y de Nueva York al Canal de Panamá? 5. ¿En qué caso compra Ud. un billete de ida y vuelta? 6. ¿Cómo se llama el carruaje que forma parte del tren y en el que se lleva el agua y el carbón? 7. ¿Cómo se llama el cuarto en que Ud. duerme cuando viaja por mar? 8. ¿Dónde tenemos que mostrar nuestro equipaje antes de entrar en un país? 9. Mencione tres de las cosas que más sorprenden al viajero que visita Nueva York. 10. ¿Cuáles son los puentes colgantes de Nueva York? 11. ¿Cómo se llaman las dos principales estaciones de ferrocarril? 12. ¿Cuántos pisos tiene el edificio Woolworth? 13. ¿Dónde se construyen las naves de guerra? 14. ¿Qué es un muelle? 15. Nombre una de las principales compañías de seguros.

LECCIÓN TREINTA

(*En la calle*)

1. — ¿Dónde va Ud. tan de prisa, señor Mardones?

— Al correo, a echar estas cartas.

— ¿Por qué no las echa en ese buzón del otro lado de la calle?

— Porque no están franqueadas y no tengo sellos.

— Siento no poder ofrecerle; yo tampoco tengo. Le acompañaré entonces al correo.

(*En el correo*)

2. — Sírvase decirme el franqueo que deben llevar las cartas para el extranjero.

— (*El empleado*) ¿Para qué país?

— España.

— Cinco centavos por la primera onza y tres centavos por cada onza o fracción de onza adicional. Permítame sus cartas. Esta pesa una onza justa — cinco centavos; esta otra una onza y media — ocho centavos; y ésta, dos onzas y fracción — once centavos. (Cinco y ocho, trece, y once, veinticuatro) Por todo, 24 centavos.

3. — Deseo que la carta más grande vaya[1] certificada, porque contiene papeles importantes.

— ¡Ah! entonces son diez centavos más.

— Aquí los tiene Ud.

— ¡Caballero! Sírvase esperar el recibo.

— Muchas gracias.

— No las merece.

---

[1] Present subjunctive of *ir.*

— Deseo enviar un giro postal; tenga la bondad de decirme dónde puedo tomarlo.

— En la ventanilla de la izquierda.

— Gracias.

4.   — (*En la otra ventanilla*) Deseo remitir $15 a Buenos Aires.

— Sírvase escribir los datos en este formulario.

— ¿No tiene, señor, un billete más pequeño?

— Sí, tengo también uno de cincuenta.

— Son $15,10 con los derechos: $15,10 y 0,90 son $16,00; y 4, 20; y 20, 40; y 10, 50. Gracias.

— Gracias a Ud., caballero

(En la calle)

5.   — Caballero, sírvase decirme dónde está la calle Libertad.

— Con mucho gusto. ¿A qué número de la calle Libertad desea Ud. ir?

—Al 123.

— Siga Ud. derecho por esta calle. La tercera transversal, contando ésta, es la calle Libertad. Cruce a la derecha; la casa que Ud. busca no estará lejos de la esquina.

— Muchísimas gracias, caballero.

— No las merece.

(En la oficina)

6.   — Buenos días, señor González.

— ¡Cómo está don Carlos! ¡Qué sorpresa es esta! Ud. me dijo en su carta que me anunciaría su viaje por telégrafo.

— No tuve tiempo de telegrafiarle.

— Habría deseado ir a esperarlo a la estación.

— No era necesario, mi amigo.

(Continúa en la página 94.)

El jefe de la oficina dice a uno de los estenógrafos: "Escriba la carta que le voy a dictar." El jefe dicta y el estenógrafo toma algunas notas taquigráficas. Se va y veinte minutos después vuelve con la siguiente carta escrita a máquina.

Chicago, 1° de Julio de 191–.

Sr. Juan Antonio González,
Calle Libertad 123,
Nueva York.

Muy señor mío: [1]

He recibido su atenta carta de 27 del pasado y en contestación tengo el gusto de comunicarle que acepto las condiciones ofrecidas.

Creo que debemos abrir una cuenta en uno de los principales bancos de esa metrópoli.

Antes de una semana tendré el gusto de saludarlo personalmente. Le anunciaré mi viaje por telégrafo.

Soy su atento y S.S., [2]
Carlos Martínez.

---

[1] *Muy señor mío*, Dear Sir.
[2] *S. S.* is the abbreviated form of *Seguro servidor* (sure servant) equivalent of *yours truly*.

— ¿Ha comido Ud. ya?

— Aun no.

— Bien, entonces; venga a comer conmigo y después de comida hablaremos de negocios. ¿Le gusta a Ud. la cocina española?

— Muchísimo.

— Entonces iremos a un restaurant español que está cerca de aquí.

EJERCICIO

7. 1. ¿Cómo se paga el transporte de una carta por correo? 2. ¿De qué valor es el sello que Ud. pega en el sobre de una carta que Ud. escribe a un amigo que está en París? 3. ¿Qué franqueo tiene una carta escrita desde la ciudad en que Ud. vive a una persona que reside en Wáshington? 4. ¿Cuántas onzas tiene una libra? 5. ¿Cuál es el franqueo de una carta para Buenos Aires, que pesa tres onzas y media? 6. ¿Qué recibe Ud. cuando certifica una carta? 7. ¿Cómo podemos remitir una pequeña cantidad de dinero, de manera segura, de una ciudad a otra? 8. ¿Qué le dice en la carta el señor Martínez al señor González? 9. ¿Dónde está la oficina del señor Antonio González? 10. ¿Por qué se sorprende el señor González de ver al señor Martínez? 11. ¿Por qué no le anunció su viaje por telégrafo? 12. ¿Qué deseaba el señor González? 13. ¿Por qué no fué a la estación? 14. ¿Cuándo hablarán de negocios? 15. ¿Dónde van a comer? 16. ¿Por qué van a un restaurant español? 17. ¿Qué pregunta el señor González al señor Martínez? 18. ¿Qué contesta este último?

TABLA DE LOS VERBOS REGULARES

	1ª conjugación	2ª conjugación	3ª conjugación
INFINITIVO:	-ar	-er	-ir
GERUNDIO:	-ando	-iendo	-iendo
PARTICIPIO:	-ado	-ido	-ido

PRESENTE

(*I buy*)	(*I sell*)	(*I receive*)
compr-o	vend-o	recib-o
compr-a	vend-e	recib-e
compr-amos	vend-emos	recib-imos
compr-an	vend-en	recib-en

PASADO (I)

(*I have bought*)	(*I have sold*)	(*I have received*)
he compr-ado	he vend-ido	he recib-ido
ha compr-ado	ha vend-ido	ha recib-ido
hemos compr-ado	hemos vend-ido	hemos recib-ido
han compr-ado	han vend-ido	han recib-ido

PASADO (II)

(*I bought*)	(*I sold*)	(*I received*)
compr-é	vend-í	recib-í
compr-ó	vend-ió	recib-ió
compr-amos	vend-imos	recib-imos
compr-aron	vend-ieron	recib-ieron

FUTURO

(*I shall or will buy*)	(*I shall or will sell*)	(*I shall or will receive*)
compr-aré	vend-eré	recib-iré
compr-ará	vend-erá	recib-irá
compr-aremos	vend-eremos	recib-iremos
compr-arán	vend-erán	recib-irán

PREFATORY NOTES

The purpose of the Vocabulary is to help the student to get the meaning of the words and to master the text.

The lessons, if studied carefully and in the proper order, can be learned without translating them.

Literal (word for word) translations should be avoided. The Vocabulary will enable the student to get at fundamental ideas, from which he may independently derive his own *idiomatic* translation.

The fact that a sentence contains a grammatical puzzle should not be given as a reason for not understanding its meaning. This, of course, does not apply to idioms.

Time can be saved and trouble avoided by heeding the following remarks:

1. In the compilation of the Vocabulary the author has followed as far as possible the Dictionary of the Spanish Academy and the Standard English Dictionary.

2. It has been specially prepared for the study of this book, and therefore contains only the words used in the text. Other meanings than those given have been omitted since they have no connection with the text.

3. Such forms of irregular verbs as occur in the text are included. For regular verbs the infinitive is the only form given, except in the case of idioms.

4. For the most advantageous use of the Vocabulary, reference to the list of abbreviations is recommended.

5. References to the text are indicated by two numbers, the first one showing the *lesson*, the second one the *section*. For instance, 14/6 refers to lesson 14, section 6. (See page 43.)

VOCABULARY

ABBREVIATIONS USED IN THE VOCABULARY

a.	adjective	*inf.*	infinitive
acc.	accusative	*interj.*	interjection
adv.	adverb	*m.*	masculine noun
art.	article	*masc.*	masculine
comp.	comparative	*neut.*	neuter
conj.	conjunction	*past*	past tense (preterit)
contr.	contraction	*pers.*	personal
dat.	dative	*pl.*	plural
def.	definite	*poss.*	possessive
dem.	demonstrative	*p.p.*	past participle
dim.	diminutive	*prep.*	preposition
f.	feminine noun	*pres.*	present indicative
fem.	feminine	*pron.*	pronoun
fut.	future	*rel.*	relative
ger.	gerund	*s.*	singular
imperat.	imperative	*subj.*	subjunctive
imperf.	imperfect	*super.*	superlative
indef.	indefinite	*v.*	verb

A

a *prep.* to; on; at; in; for; **voy a su casa** I go to his house (14/6); **a la universidad** to the University (18/6); **ir a visitar** to go to visit (13/5); **le invitaré a comer** I shall invite him to dinner (23/6); **vendrá a hacerme una visita** he will come to pay me a visit (23/6); **dice al mozo** he says to the waiter (26/5); **a pie** on foot (29/1); **a bordo** on board (29/3); **a tiempo** on time (20/7); **vender a precio fijo** to sell at fixed price (27/2); **¿conoce Ud. a esas señoras?** do you know those ladies? (14/2); **no obedece a su madre** he does not obey his mother (17/1) **¿a qué hora?** at what time? (21/9); **a las siete** at seven (o'clock) (21/3). (*See* al)

abril *m.* April

abrir to open, to unlock (*p.p.* **abierto**)

absolutamente *adv.* absolutely

acabar to finish, to end; acabar de + *inf.* = *to have just* + *p.p.*: el reloj acaba de dar las tres the clock has just struck three (21/5); acaba de regresar has just returned

accesible *a.* accessible, approachable

aceite *m.* oil; aceite de oliva olive oil

acento *m.* accent

acentuar to accentuate, to mark with an accent

aceptar to accept

aceptaría (*conditional of* aceptar) I would accept

acerca *prep.* about: acerca de with regard to, concerning

acero *m.* steel

acompañar to accompany

acordarse to remember, recollect

acostarse to go to bed (*pres.* me acuesto, se acuesta)

actualmente *adv.* at present

acuario *m.* aquarium

acuesto (*See* acostarse)

adelantado *a.* advanced, ahead of time

adelantar to go fast, to gain

además (de) besides, in addition (to)

adicional *a.* additional

adiós *interj.* adieu, good-bye

adjetivo *m.* adjective

administración *f.* administration; management

admiración *f.* admiration, wonder

aduana *f.* custom-house

aduanero *m.* custom-house officer

adverbio *m.* adverb

afección *f.* disease, affection

agencia *f.* agency

agente *m.* agent

agosto *m.* August

agradable *a.* agreeable, pleasant

agradar to please; to be pleased; me agrada I like

agradecer to thank (*pres.* agradezco, agradece)

agradezco (*See* agradecer)

agricultura *f.* agriculture

agua *f.* water

ahí *adv.* there

ahora *adv.* now

ajeno, -na *a.* another's

al (*contr. of* a *and* el) to the; *it is used only before masculine nouns and infinitives:* voy al correo I go to the Post Office; al llegar on arriving (29/3)

alcalde *m.* mayor

aleación *f.* alloy

alegrarse to rejoice, to be glad

alemán, -na *a.; m. and f.* German

Alemania *f.* Germany

alfabeto *m.* alphabet

algo *indef. pron.* something, anything; *adv.* somewhat

algodón *m.* cotton

alguien *indef. pron.* somebody, some one

algún *a. shortened form of* alguno, *used only before a masc. s. noun.* (*See* alguno)

alguno, -na *a.* some person, something, some; alguna cosa something. (*See* algo)

alimento *m.* food, nourishment

all- *Words beginning with* all- *will be found after* aluminio

almuerzo *m.* (*meal taken in the*

morning or during the day) breakfast, lunch

alto, -ta *a.* high, tall; loud; *m.* height

altura *f.* height

aluminio *m.* aluminum

allá *adv.* there

allí *adv.* there

amarillento, -ta *a.* yellowish

amarillo, -lla *a.* yellow

ambos, -bas *a.* both

americano, -na *a.* American

amigo, -ga *m. and f.* friend

ancho, -cha *a.* wide; *m.* width

andar (*past* **anduve, anduvo**) to walk, to go; to run (*clocks, watches and machinery*)

animal *m.* animal

aniversario *m.* anniversary

anoche *adv.* last night

anotar to note (write) down

anteayer *adv.* the day before yesterday

antemeridiano *a.* in the forenoon

antenoche night before last

anterior *a.* former; preceding

antes (de) before: **antes de ayer** the day before yesterday

Antillas *f. pl.* Antilles, West Indies

anual *a.* annual, yearly

anunciar to announce

año *m.* year: **año bisiesto** leap year; **el año pasado** last year

apelación *f.* appeal: Corte de Apelaciones Court of Appeals

apetito *m.* appetite

aprender to learn: **aprender de memoria** to learn by heart

aquel *masc. s.* that: aquel sombrero that hat; **aquél** that one, that

aquella *fem. s.* that: **aquella pluma** that pen; **aquélla** that one, that

aquellas *fem. pl.* those: **aquellas casas** those houses; **aquéllas** those

aquello *neut.* that

aquellos *masc. pl.* those: **aquellos documentos** those documents; **aquéllos** those

aquí *adv.* here

archipiélago *m.* archipelago

Argentina *f.* Argentine: **República Argentina** Argentine Republic

aritmética *f.* arithmetic

arsenal *m.* dock-yard, arsenal

arte *m. in s. and f. in pl.* art

artículo *m.* article

artista *m. and f.* artist

así *adv.* so, thus

asiento *m.* seat: **tomar asiento** to take a seat, to sit down

astillero *m.* ship-yard, navy-yard

asunto *m.* affair, matter

atención *f.* attention. (*See* prestar)

atento, -ta *a.* attentive, polite, courteous

Atlántico *a. and m.* Atlantic

atmosférico, -ca *a.* atmospherical

atrasado, -da *a.* behind time (*p.p. of* atrasar)

atrasar to go slow (*as a watch*), to lose

aumentar to increase

aun *adv.* yet

ausente *a.* absent

automóvil *m.* automobile

autoridad *f.* authority

avenida f. avenue
aviso m. notice, advice
¡ay! interj. alas!
ayer adv. yesterday: antes de
    ayer the day before yesterday
ayuda f. help, aid
ayuntamiento m. municipal gov-
    ernment
azogue m. mercury, quick-silver
azúcar m. sugar
azul a. blue

B

bahía f. harbor, bay
bajar to descend
bajo, -ja a. low, short
bajo adv. below, under
banco m. bank
barato, -ta a. cheap
barómetro m. barometer
bastante adv. sufficient, enough,
    not a little
baúl m. trunk
beber to drink
bebida f. beverage, drink
Bélgica f. Belgium
biblioteca f. library: Biblioteca
    Pública Public Library
bicicleta f. bicycle
bien adv. well; right
biftec m. beefsteak
billete m. bill, note, ticket; billete
    de ida y vuelta round-trip ticket
blanco, -ca a. white: en blanco
    blank; libro en blanco blank
    book
blando, -da a. soft
boca f. mouth
Bolsa f. Stock Exchange
bolsillo m. pocket; reloj de bol-
    sillo watch

bondad f. kindness, goodness;
    tenga la bondad have the kind-
    ness, please
bordo m. board: a bordo on
    board
botánico, -ca a. botanical
botella f. bottle
Brasil m. Brazil
brazo m. arm
Bretaña f. Britain: Gran Bretaña
    Great Britain. (See gran)
brillante a. brilliant, bright,
    shining
bronce m. bronze
Bruselas Brussels
buen a. (shortened form of bueno)
    good. Used only before a mas-
    culine noun: buen amigo good
    friend (26/2)
bueno, -na a. good; buenos
    días good morning; buenas
    tardes good afternoon; bue-
    nas noches good night
buque m. vessel, ship: buque de
    vela sailing vessel; buque de
    guerra warship
buscar to look for, to seek
buzón m. letter-box, mail-box:
    echar al buzón to mail

C

caballero m. gentleman, sir
caballo m. horse: a caballo on
    horseback
cabeza f. head
cacao m. cacao-nut
cada pron. every, each: cada uno,
    cada una every one, each; cada
    dos días every other day. (See
    sí)
café m. coffee

cafetera *f.* coffee-pot

caja *f.* box: **caja de hierro** safe

cajero *m.* cashier

cajón *m.* drawer

calendario *m.* calendar

caliente *a.* warm, hot

calor *m.* heat, warmth: **hace calor** it is warm; **tener calor** to be warm; **tengo calor** I am warm

calle *f.* street

cama *f.* bed: **guardar cama** to keep bed; **coche-cama** sleeping-car

cámara *f.* chamber: **Cámara de Representantes** House of Representatives; **Cámara de Comercio** Chamber of Commerce; **Cámara de Compensación** Clearing House

camarero *m.* waiter, valet

camarote *m.* state-room, berth, cabin

cambiar to change, to exchange

camisa *f.* shirt

canal *m.* channel: **canal de la Mancha** British Channel

cantidad *f.* quantity, amount

capital *f.* capital city; *m.* capital (*money*)

capitán *m.* captain

carácter *m.* character, nature

carbón *m.* coal

carbono *m.* carbon

cardinal *a.* cardinal, principal, fundamental: **punto cardinal** cardinal point

carga *f.* lading, cargo

cargo *m.* charge, keeping, care

Carlos *m.* Charles

Carlota *f.* Charlotte

carne *f.* meat

carnicería *f.* butcher's shop

carnicero *m.* butcher

caro, -ra *a.* dear, high-priced

carruaje *m.* vehicle (*of any kind*)

carta *f.* letter; bill of fare: **a la carta** à la carte

cartón *m.* pasteboard

casa *f.* house: **casa de comercio** commercial house; **en casa** (**en mi casa, en su casa,** *etc.*) at home

casado, -da *a.* married

casarse to marry

casi *adv.* almost

casita *f.* (*dim. of* **casa**) small house

caso *m.* case

castellano, -na *a.* Castilian; *m.* Castilian *or* Spanish language

Castilla *f.* Castile

catarata *f.* cataract, waterfall

catedral *f.* cathedral

catorce *a.* fourteen

caucho *m.* caoutchouc, rubber

causar to cause, to produce

celebrar to celebrate

cena *f.* supper

cenar to sup, to take supper

centavo *m.* cent

centenario *m.* centennial

centésimo, -ma *a.* hundredth

centímetro *m.* centimeter

central *a.* central

centro *m.* center; middle

cerca *adv.* near. *This word must be followed by the preposition* de *when before a noun or pronoun:* **cerca de la mesa** near the table; **cerca del piano** near the piano

cero *m.* zero, cipher, naught

cerradura *f.* lock

cerrar to close, to shut (*pres.* cierro, cierra); cerrarse to be closed

certificado *p.p. of* certificar. (*See* certificar)

certificar to register

ch- (*For words beginning with* ch- *see page* 104)

Cía. (*See* compañía)

cielo *m.* sky

cien *a.* one hundred. *Used before nouns instead of* ciento: cien libros one hundred books (12/1)

ciento *a.* one hundred. (*See* cien)

cierra(n) (*See* cerrar)

cierto, -ta *a.* certain, evident, true: ¿es cierto? is it true? (25/6)

cinc *m.* zinc

cinco *a.* five: el cinco de octubre the fifth of October; son las cinco it is five o'clock

cincuenta *a.* fifty

circular to circulate

ciudad *f.* city, town

ciudadano *m.* citizen

clase *f.* class, kind, class-room; clase de español Spanish class

clima *m.* climate

cobre *m.* copper

coche *m.* coach; coche-cama *or* coche-dormitorio sleeping-car; coche-restaurant *or* coche-comedor dining-car

cocina *f.* kitchen, cooking

colegio *m.* college

colgante *a.* hanging: puente colgante suspension bridge

coliflor *f.* cauliflower

Colón Columbus

color *m.* color

colosal *a.* colossal, huge

coma *f.* comma; punto y coma semicolon

combinación *f.* combination, compound

comedor *m.* dining-room

comenzar to commence, to begin (*pres.* comienzo, comienza; *past* comencé, comenzó)

comer to eat; *m.* eating, dinner

comercial *a.* commercial

comerciante *m.* merchant, trader

comercio *m.* commerce

comida *f.* dinner, meal, food

comienza, comienzan (*See* comenzar)

como *adv.* as; tan + *a.* + como = as + *a.* + as: tan grande como as large as

¿cómo? how?

compañía *f.* company; *abbreviated form* Cía.; en compañía in partnership

competente *a.* competent

complete (*imperat.* of completar) complete

completo, -ta *a.* complete, full

componer to repair (*pres.* compongo; *past* compuse, compuso; *p.p.* compuesto); componerse de to be composed of

comprar to buy

comprender to comprehend, to understand

común *a.* common, ordinary

comunicar to communicate, to announce, to inform

con *prep.* with: café con leche coffee with milk

concejal *m.* member of a municipality

concierto *m.* concert

condición *f.* condition

conductor *m.* conductor

Congreso *m.* Congress

conjugación *f.* conjugation

conjunción *f.* conjunction

conmemoración *f.* commemoration, remembrance

conmigo *pers. pron.* with me

conocer to know, to be acquainted with (*pres.* conozco, conoce)

conocido, -da *a.* (*p.p. of* conocer) known, well-known

conozco (*See* conocer)

conseguir to obtain, to succeed

consejo *m.* board, council: Consejo Directivo Governing Board

conserva *f.* preserve: carne en conserva canned meat

considerable *a.* considerable

consonante *f.* consonant

constante *a.* constant; loyal

constitución *f.* constitution

constituir to constitute (*pres.* constituyo, -ye)

construir to build (*pres.* construyo, -ye)

contar to count (*pres.* cuento, cuenta; *imperat.* cuente); contar con to have

contener to contain. (*Same irregularities as* tener)

contenga (*See* contener)

contestación *f.* reply, answer

contestar to reply, to answer

continente *m.* continent

continuar to continue, to follow

contrario, -ria *a.* contrary, opposite: lo contrario the opposite; por el contrario on the contrary

contrato *m.* contract

conveniente *a.* convenient

conversación *f.* conversation

conversar to converse, to talk together

cooperación *f.* cooperation

copiar to copy

corbata *f.* cravat, necktie

corporación *f.* corporation, guild

correctamente *adv.* correctly

correcto, -ta *a.* correct, right

correo *m.* post, Post Office, mail; Oficina de Correos Post Office; Administración Principal de Correos General Post Office; Director General de Correos Postmaster General; tren correo mail-train

correspondencia *f.* correspondence

correspondiente *a.* corresponding

corresponsal *m.* correspondent

corriente *a.* current, present (*month or year*): el primero del corriente the first instant

cortapapel *m.* paper-knife

cortaplumas *m. s. and pl.* penknife

cortar to cut

corte *f.* court: Corte Suprema Supreme Court; Corte de Apelaciones Court of Appeals

corto, -ta *a.* short

cosa *f.* thing: alguna cosa something; ninguna cosa nothing

crecer to grow

creer to believe, to think

crema *f.* cream

crimen *m.* crime

cristal *m.* crystal, glass

Cristóbal *m.* Christopher

cronómetro *m.* chronometer

cruzar to cross, to turn

cruce (*imperat. of* cruzar) turn

cuaderno *m.* writing-book, exercise-book

cuadro *m.* picture

cual *pron. rel.* which (*pl.* cuales); ¿cuál? ¿cuáles? which?

cualquier *indef. pron.* (*shortened form of* cualquiera) any *or* any one. *It is used only before a noun:* cualquier empleado any employee (17/4)

cualquiera *indef. pron.* any one, either one

cuando *adv.* when; ¿cuándo? when?

cuanto, -ta *a. relating to quantity:* ¿cuánto? ¿cuánta? how much?; ¿cuánto dinero? how much money?; ¿cuánta agua? how much water?; ¿cuántos? ¿cuántas? how many?; ¿cuántos libros? how many books?; ¿cuántas señoras? how many ladies?; unas cuantas a few

cuarenta *a.* forty

cuarto, -ta *a.* fourth

cuarto *m.* room; quarter: un cuarto de hora a quarter of an hour; es la una y cuarto it is a quarter past one

cuatro *a.* four: a las cuatro at four o'clock (22/2)

cuatrocientos, -tas *a.* four hundred

cuchara *f.* spoon

cucharilla *f.* (*dim. of* cuchara) little spoon, tea-spoon

cuchillo *m.* knife

cuenta *f.* account

cuenta *e.* (*See* contar)

cuente *v.* (*See* contar)

cuerda *f.* cord, string; dar cuerda to wind up; no tiene cuerda it is not wound (21/5)

cuero *m.* hide, leather

cuerpo *m.* body

cumplir to comply, to execute

cuñada *f.* sister-in-law

cuyo, -ya (*pl.* cuyos, cuyas) *poss. pron.* whose, of whom, of which

Ch

chaleco *m.* vest, waistcoat

chaqueta *f.* sack-coat, jacket

chico, -ca *a.* small, little; *m.* little boy, baby

cheque *m.* check

chimenea *f.* chimney, fireplace

chocolate *m.* chocolate

D

dar to give (*pres.* doy, da; *past* dí, dió; *subj. and imperat.* dé): dar la hora to strike the hour; el reloj acaba de dar las tres the clock has just struck three (21/5); dar cuerda to wind up

dársena *f.* dock

dato *m.* datum; *pl.* datos data

dé *v.* (*See* dar)

de *prep.* of, from, for, by, than, in, to. *The preposition* de *sometimes points out the material of which a thing is made:* mi reloj es de plata my watch is made of silver (25/2); *it sometimes indicates the purpose to which a thing is put:* **máquina de escribir** writing-machine, typewriter (25/2); *it can be the sign of the possessive case:* **es de mi amigo** it is my friend's (5/4), **las casas de Uds.** your houses (8/3), **los amigos del señor Moreno** Mr. Moreno's friends (8/3); *it denotes the contents of a vessel, package, etc.:* **un vaso de limonada** a glass of lemonade; *it governs the infinitive:* **ocasión de practicar** occasion to practise (17/6); *before certain nouns it points out the time when something happens:* **de día** by day; **de noche** at night (21/3). *Other uses:* **un billete de cinco dólares** a five dollar bill (18/3); **tres metros de largo** three meters long (27/5); **de 7 a 9** from 7 to 9 (28/2); **las 12 del día** midday (21/3); **¿de qué color?** (of) what color?; **¿de quién recibe Ud. lecciones?** from whom do you receive lessons?; **de pie** standing (10/1); **más de 90** more than 90 (11/5); **la ciudad más grande de América** the largest city in America (12/3); **no hay nada de nuevo** there is nothing new (13/1); **¿de quién?** whose?; **de Ud.** your, **de él** his, **de ella** her, **de ellos** their, **de ellas** their, **de nosotros (-tras)** our

debajo *adv.* beneath. *When it precedes a noun with which it is connected it takes the preposition* **de** *and means* under:

debajo de la silla under the chair

deber must, ought

débil *a.* feeble, weak

decía was saying. (*See* **decir**)

décimo, -ma *a.* tenth

decir to say, to tell (*pres.* **digo, dice;** *past* **dije, dijo;** *fut.* **diré, dirá;** *imperf.* **decía;** *subj. and imperat.* **diga;** *p.p.* **dicho;** *ger.* **diciendo.**); **es decir** that is to say; **se dice** it is said

declaración *f.* declaration

declarar to declare, to make known

dejar to leave

del of the (*contr. of the preposition* **de** *and the article* **el**)

delante (de) before, in front (of), ahead

demás *When preceded by either of the articles* **el, la, los, las** *it means* the rest, the others

demasiado *adv.* too, too much

demasiado, -da *a.* too much; *pl.* too many

dentista *m.* dentist

depender to depend

dependiente *m.* employee, clerk

depositar to deposit

depósito *m.* deposit

derecho, -cha *a.* right, straight; *m. pl.* **derechos** tariff dues

desabrido, -da *a.* tasteless, flat

desagradable *a.* disagreeable, unpleasant

desayuno *m.* breakfast

descansar to rest

descarga *f.* unloading

descompuesto, -ta *a.* out of order

descubierto, -ta (*See* **descubrir**)

descubrimiento *m.* discovery

descubrir to discover (*p.p.* descubierto)

descuento *m.* discount

desde *prep.* since, from: desde uno hasta veinte from one to twenty

desear to desire, to wish

desembarcadero *m.* landing-place

deseo *m.* desire, wish

despacho *m.* office: despacho de billetes ticket office

despacio *adv.* slowly

despedirse to take leave (*pres.* me despido, se despide, nos despedimos, se despiden; *past* se despidió)

después *adv.* after; posterior (*in time, order or location*); afterward, next, later

destino *m.* destination

detalle *m.* detail

determinado, -da *a.* determined

detrás (de) behind

devolver to return (*pres.* devuelvo, devuelve; *p.p.* devuelto)

devuelve (*See* devolver)

día *m.* day: día de fiesta holiday; día de trabajo working-day; día de año nuevo New Year's Day; son las doce del día it is noon; medio día noon; buenos días good morning; de día by day (21/3)

diálogo *m.* dialogue

diccionario *m.* dictionary

dice (*See* decir)

diciembre *m.* December

dictar to dictate

dicho (*p.p. of* decir) said

diez *m.* ten: diez y seis sixteen; diez y siete seventeen; diez y ocho eighteen, diez y nueve nineteen

diferencia *f.* difference

diferente *a.* different

difícil *a.* difficult

dígame (*imperat. of* decir) tell me

díganos (*imperat. of* decir) tell us

digo (*See* decir)

dijo (*See* decir)

diminutivo *m.* diminutive

dinero *m.* money

Dios *m.* God

diplomático, -ca *a.* diplomatic

dique *m.* dock: dique flotante floating dock

dirección *f.* address

directivo, -va *a.* directive, governing: Consejo Directivo Governing Board

directo, -ta *a.* direct, through: tren directo through train

director *m.* director: Director General de Correos Postmaster General

disculpar to excuse

dispensar to forgive, to excuse

disputa *f.* dispute: sin disputa undoubtedly, unquestionably

distancia *f.* distance

distante *a.* distant, far, remote

distrito *m.* district, precinct

diverso, -sa *a.* diverse, different

dividido (*p.p. of* dividir) divided: dividido por divided by

dividir to divide

división *f.* division

doblar to fold

doble *a.* double

doce *a.* twelve: **el doce de octu-bre** the 12th of October; **son las doce** it is 12 o'clock

documento *m.* document

dólar *m.* dollar

doler to ache; **me duele la cabeza** my head aches

domicilio *m.* domicile, dwelling-house

domingo *m.* Sunday

Don *m. title equivalent to* Mr., *used only before Christian names:* **Don Juan**

donde *adv.* where; **¿dónde?** where?

dormir to sleep (*pres.* **duermo, duerme**)

dormitorio *m.* bedroom; **coche dormitorio** sleeping-car

dos *a.* two: **el dos de octubre** the 2nd of October: **son las dos** it is two o'clock

doscientos, -tas *a.* two hundred

drama *m.* drama, play

droga *f.* drug

duda *f.* doubt: **sin duda** no doubt

duele (*See* doler)

duerme (*See* dormir)

dulce *a.* sweet: **agua dulce** fresh water

duodécimo, -ma *a.* twelfth

durante *prep.* during

durar to last

duro, -ra *a.* hard

E

e *conj.* and (*It takes the place of* y *for the sake of euphony before words beginning with* i *or* hi): **española e inglesa** Spanish and English (16/4); **otoño e in-**vierno autumn and winter (24/1)

echar to throw; **echar al correo** *or* **echar al buzón** to mail, to post

edad *f.* age: **¿qué edad tiene Ud.?** how old are you?

edificio *m.* edifice, building

editorial *a.* editorial

educar to educate (*pret.* **eduqué**)

eduqué (*See* educar)

efecto *m.* effect; **efectos** goods, merchandise, wares; **efectos de escritorio** stationery

ejecutivo, -va *a.* executive: **Poder Ejecutivo** Executive Power

ejemplo *m.* example: **por ejemplo** for instance

ejercer to exercise

ejercicio *m.* exercise

el *def. art. masc. s.* (*pl.* los) the; **el que** he who, the one who, that which

él *pers. pron., 3rd person masc. s.* he; **de él** his; *after a prep.* him: **con él** with him; **a él** to him

elector *m.* elector

elegir to elect (*pres.* **elijo, elige**)

Elena *f.* Nelly

elevado *a.* elevated

ella *pers. pron., 3rd person fem. s.* she; **de ella** her; *after a prep.* her: **con ella** with her; **a ella** to her

ellos, ellas *pers. pron., 3rd person masc. and fem. pl.* they; *after a prep.* them

embajador *m.* ambassador

embarcarse to embark, to go on shipboard

embargo: **sin embargo** however, nevertheless

empezar to begin (*pres.* **empiezo**; *past* **empecé**)

empleado *m.* **empleada** *f.* employee

emprender to undertake

en *prep.* in, on, at: **en París** in Paris; **el libro está en la mesa** the book is on the table; **en la caja** in the box; **en el hotel** at the hotel; **en casa** at home (16/7); **en este momento** at this moment

encargado (*p.p. of* **encargar**) in charge (*See below*)

encargado de negocios *m.* chargé d'affaires

encargar to charge, to commission

encima (**de**) on, upon, on top (of); over, above

encontrarse to meet, to encounter (*pres.* **encuentro**)

encuentro (*See* **encontrar**)

enero *m.* January

enfermedad *f.* sickness, illness

enfermo, -ma *a.* sick, ill

enorme *a.* enormous

entonces *adv.* then

entrada *f.* arrival

entrante coming: **el año entrante** next year

entrar to enter, to go in (*or* into)

entre *prep.* between, among

enviado *m.* envoy

enviar to send, to forward, to remit

envolver to wrap up

equipaje *m.* baggage

equitativo, -va *a.* equitable

equivaler to be of equal value

equivocarse to make a mistake, to be mistaken

era (*imperf. of* **ser**) was, used to be

error *m.* error

es (*See* **ser**)

esa *fem. s.* that: **esa casa** that house; **ésa** that one, that

esas *fem. pl.* those: **esas casas** those houses; **ésas** those

escaparate *m.* show-window

escriba (*imperat. of* **escribir**) write

escribiendo (*ger. of* **escribir**) writing

escribir to write (*p.p.* **escrito**); **escribir a máquina** to typewrite

escrito (*p.p. of* **escribir**) written

escritora *f.* writer, authoress

escritorio *m.* desk, writing-desk: **efectos de escritorio** stationery

ese *masc. s.* that: **ese lápiz** that pencil; **ése** that one (*fem. s.* **esa**; *masc. pl.* **esos**; *fem. pl.* **esas**; *neut.* **eso**)

eso *neut.* that: ¿**qué es eso**? what is that?; **por eso** for that reason

esos *masc. pl.* those: **esos libros** those books; **ésos** those

España *f.* Spain

español, -la *a.* Spanish; *m. and f.* Spaniard; *m.* Spanish

espárrago *m.* asparagus

especialmente *adv.* especially

esperar to hope; to wait; to expect

espléndido, -da *a.* splendid, magnificent

esposa *f.* wife

esta *fem. s.* this: **esta mesa** this table; **ésta** this one, this

está (*See* **estar**)

establecer to establish

estación *f.* season; station: **esta-**

ción ae ferrocarril railroad station

estado *m.* state: **Estados Unidos** United States

estaño *m.* tin

estar to be (*pres.* **estoy, está;** *past* **estuve, estuvo, estuvimos, estuvieron**); ¿**cómo está Ud.?** how are you?

estas *fem. pl.* these: **estas señoras** these ladies; **éstas** these

estatua *f.* statue

este *masc. s.* this: **este libro** this book; **éste** this one, this (*fem. s.* **esta;** *masc. pl.* **estos;** *fem. pl.* **estas;** *neut.* **esto**)

este *m.* east

estenografía *f.* stenography, shorthand

estenógrafo, -fa *m. and f.* stenographer

esterlina *a.* sterling: **libra esterlina** pound sterling

esto *neut.* this: ¿**qué es esto?** what is this?

estómago *m.* stomach

estos *masc. pl.* these: **estos papeles** these papers; **éstos** these

estoy (*See* **estar**)

estrella *f.* star

estudiando (*ger. of* **estudiar**) studying

estudiante *m. and f.* student

estudiar to study

estudio *m.* study

estufa *f.* stove

estuve (*See* **estar**)

europeo, -pea *a.* European

evitar to avoid

examen *m.* examination

excelente *a.* excellent

excepción *f.* exception

excusar to excuse

exhibir to exhibit, to expose

éxito *m.* result: **feliz éxito** success

explicación *f.* explanation

explosivo *m.* explosive

exportador, -ra *a.* exporting

exportar to export

expresar to express; **expresarse** to express oneself

expresión *f.* expression

expreso *m.* express: **tren expreso** express train

extensión *f.* extension, length

exterior *a.* exterior, external; *m.* exterior, outside

extranjero, -ra *a.* foreign; *m.* foreign countries

extraordinario, -ria *a.* extraordinary

F

fácil *a.* easy

facilidad *f.* facility, easiness

facilitar to facilitate

fácilmente *adv.* easily

faltar to be absent *or* missing; to lack: **faltan 5 para las siete** it is 5 to seven

familia *f.* family

famoso, -sa *a.* famous

favor *m.* favor: **hágame el favor** do me the favor

febrero *m.* February

fecha *f.* date

feliz *a.* happy, lucky

ferrocarril *m.* railroad: **ferrocarril elevado** elevated railroad; **ferrocarril subterráneo** underground railroad, subway; **es-**

tación de ferrocarril railroad station; **por ferrocarril** by rail

fiesta *f.* feast: **día de fiesta** holiday

fijar to fix

fijo, -ja *a.* fixed

fin *m.* end; **a fin de que** in order that (27/6)

final *m.* end; **al final** at the end

firma *f.* firm; signature

firmar to sign

fiscal *m.* attorney-general

flexible *a.* flexible

flor *f.* flower

forma *f.* form, shape

formar to form

formulario *m.* form

fósforo *m.* match

fracción *f.* fraction

francés, -sa *a.* French; *m.* French, Frenchman; *f.* Frenchwoman

Francia *f.* France

franco *m.* franc (*French coin*)

franquear *to prepay postage on letters*

franqueo *m.* postage

frase *f.* phrase

frecuencia *f.* frequency: **con frecuencia** frequently

frecuentemente *adv.* frequently

frente *adv.* in front; **en frente** directly opposite

fresa *f.* strawberry

frío, -ía *a.* cold; *m.* cold: **tengo frío** I am cold

fruta *f.* fruit

fué (*See* **ser**; *see* **ir**)

fuerte *a.* strong

función *f.* function, performance

fundamental *a.* fundamental

futuro *m.* future tense

G

gabinete *m.* cabinet

galantería *f.* courtesy, compliment

ganaba (*imperf. of* **ganar**) was earning, used to earn

ganar to earn

gas *m.* gas

gasolina *f.* gasoline

generalmente *adv.* generally

geografía *f.* geography

geográficamente *adv.* geographically

geográfico, -ca *a.* geographical

gerundio *m.* gerund

gigantesco, -ca *a.* gigantic

giro *m.* line of business; draft: **giro postal** money order

gobernador *m.* governor

gobernar to govern

Gobierno *m.* Government

gozar to enjoy

gracias *f. pl.* thanks: **muchas gracias** many thanks; **muchísimas gracias** very many thanks; **mil gracias** 1000 thanks; **gracias a Dios** thank God

grado *m.* degree

gran *a.* (*shortened form of* **grande**) big, large, great. (*It is used only before masc. or fem. nouns in the singular number*); **este banco tiene un gran capital** this Bank has a large capital (12/3)

Gran Bretaña *f.* Great Britain

grande *a.* large, big, great

grave *a.* grave, serious, great

gravemente *adv.* seriously

griego, -ga *a.* Greek

gris *a.* gray

grueso, -sa *a.* thick, bulky; *m.* thickness, bulk

grupo *m.* group

guante *m.* glove

guardar to keep: **guardar cama** to keep bed

Guayana *f.* Guiana

guerra *f.* war: **buque de guerra** *or* **nave de guerra** warship

gustar to like: **me gusta** I like; **¿le gusta a Ud.?** do you like?

gusto *m.* pleasure: **con mucho gusto** with great pleasure

H

Habana *f.* Havana

haber to have (*pres.* **he, ha;** *past* **hube, hubo;** *fut.* **habrá**) *This verb is chiefly used as an auxiliary, as in the examples given in lesson 22 (4 to 7). Hay is an impersonal irregular form of this verb.* (*See* **hay**)

habitante *m.* inhabitant

hablar to speak

hacer to make, to do (*pres.* **hago, hace;** *past* **hice, hizo;** *fut.* **haré, hará;** *subj. and imperat.* **haga;** *p.p.* **hecho;** *ger.* **haciendo**); **hace calor** it is warm; **hace frío** it is cold; **hace viento** it is windy; **hace mal tiempo** it is bad weather; **hace tres años** three years ago; **hace sol** it is sunny; **¿hace mucho tiempo que está en la casa?** has he been a long time with the firm? (25/6); **hacer preguntas** to ask questions; **hacer una visita** to pay a visit, to call on

haciendo (*ger. of* **hacer**) doing, making

haga (*imperat. and subj. of* **hacer**): **hágame el favor** do me the favor

hago I do, I make (*See* **hacer**)

hambre *f.* hunger: **tener hambre** to be hungry: **tengo hambre** I am hungry

hará (*See* **hacer**)

hasta *prep.* till, until; up to, as far as: **desde 1 hasta 20** from 1 to 20; **hasta mañana** until to-morrow; **hasta luego** good-bye, until we meet again; **hasta la vista** good-bye

hay (*impersonal form of the verb* **haber**) there is, there are; **no hay de qué** don't mention it, you are welcome

hecho, -cha made, done (*See* **hacer**); **esta mesa es (hecha) de madera** this table is made of wood (25/2)

hermana *f.* sister: **hermana política** sister-in-law

hermano *m.* brother: **el hermano mayor** the eldest brother

hermosísimo (*super. of* **hermoso**) very beautiful

hermoso, -sa *a.* beautiful

hierro *m.* iron: **caja de hierro** safe

hijo *m.* son

hilo *m.* thread, linen

historia *f.* history

hizo (*See* **hacer**)

Hnos. (*abbreviated form of* **hermanos** brothers) Bros.

hombre *m.* man

hombrecillo, hombrecito *m.* (*diminutives of* **hombre**) little man

hora *f.* hour, time: ¿qué hora es?
what time is it?; es hora de
comer it is dinner time (26/4)
horario *m.* hour-hand
hotel *m.* hotel
hoy *adv.* to-day

I

ibérico, -ca *a.* Iberian (*of or per-taining to the Iberia of the an-cient Greeks, the peninsula con-taining Spain and Portugal*)
iberoamericano, -na *a.* Ibero-American (*See above*)
ida *f.* going: ida y vuelta going
and return, round-trip; billete
de ida y vuelta round-trip
ticket
identidad *f.* identity
idioma *m.* language
idiomático, -ca *a.* idiomatic
ido (*See* ir)
'glesia *f.* church
igual *a.* equal; the sign of equal-ity (=); es igual it is the
same (12/6); sin igual not to
be equaled
impermeable *m.* water-proof
coat
incompleto, -ta *a.* incomplete
indicar to indicate
indiferente *a.* indifferent; me es
indiferente it makes no differ-ence (it is all the same) to me
(17/4)
indispensable *a.* indispensable
infinitivo *m.* infinitive
informe *m.* information
Inglaterra *f.* England
inglés, -sa *a., m. and f.* English
ingrediente *m.* ingredient

inmediatamente *adv.* immedi-ately
inmenso, -sa *a.* immense
innumerable *a.* innumerable,
numberless
insecto *m.* insect
institución *f.* institution
instituto *m.* institute, institution
of learning
instrumento *m.* instrument
intención *f.* intention
interés *m.* interest
interesante *a.* interesting
interesar to interest
interior *m.* the interior: corres-pondencia del interior domes-tic mail (23/1)
interjección *f.* interjection
internacional *a.* international
interrumpir to interrupt
íntimo, -ma *a.* intimate
invierno *m.* Winter
invitación *f.* invitation
invitar to invite
ir to go (*pres.* voy, va, vamos,
van; *past* fuí, fué; *pres. subj.*
vaya; *ger.* yendo; *p.p.* ido);
irse to go away
iría *v.* would go
irreprochable *a.* irreproachable
isla *f.* island
Italia *f.* Italy
italiano, -na, *a., m. and f.* Italian
izquierdo, -da *a.* left

J

jardín *m.* garden: Jardín Zooló-gico Zoological Garden; Jardín
Botánico Botanical Garden
jefe *m.* chief, head
José *m.* Joseph

joven *a.* young; *m. and f.* youth

joya *f.* jewel

joyería *f.* jeweller's shop

joyero *m.* jeweller

Juan *m.* John

judicial *a.* judicial: **Poder Judicial** Judicial Power

jueves *m.* Thursday

julio *m.* July

Julio *m.* Julius

junio *m.* June

junto, -ta *a.* joined, together

justicia *f.* justice

justo, -ta *a.* just, exact

juventud *f.* youth

K

kilo *Greek prefix signifying a* thousandfold; *m.* kilogramme (1000 *grammes or about* 2¼ *lbs.*)

L

la *def. art. fem. s.* the: **la niña** the girl; **la carta** the letter; **la que** she who, the one who, the one that, that which (*See* **las**)

la *pers. pron. fem. s.; acc.* her, it: **la veo** I see her (*a girl*); **la escribo** I write it (*a letter*); *can be used as an enclitic, as in* **escribiéndola** (14/2) (*See* **le, lo, las, les**)

do *m.* side

drillo *m.* brick

o *m.* lake

f. wool

picito *m.* (*dim. of* **lápiz**) little pencil

piz *m.* pencil; *pl.* **lápices**

ente *adv.* at length, for a long time (23/2)

largo, -ga *a.* long; *m.* length

las *def. art. fem. pl.* the; **las niñas** the girls; **las cartas** the letters; **las que** they who, those who (which) (*See* **el, la, lo, los**)

las *pers. pron. pl. fem. acc.* them: **las veo** I see them (*the girls*); **las escribo** I write them (*the letters*); *can be used as an enclitic, as in* **estúdielas** (14/5)

lavar to wash; **lavarse** to wash oneself

le *pers. pron. s. masc. or fem. dat.* to him, to her, to it, to you: **Ud. le pasa el periódico** you pass (to) him the newspaper; **Ud. le dice a ella algo** you tell (to) her something; **sírvase darle cuerda** please wind it up (21/5). *Le is also used for the accusative case, but only in the masculine form (instead of* **lo**) *applied to persons,* him: **ayer le encontré en la calle** I met him in the street yesterday. *Often used as an enclitic (See* **lo, la, les**)

lección *f.* lesson

leche *f.* milk

lechería *f.* dairy; cow-house

lechero *m.* milkman; **lechera** milkmaid

leer to read (*pres.* **leo**; *past* **leí, leyó**; *fut.* **leeré**; *subj.* **lea**; *p.p.* **leído**; *ger.* **leyendo**)

legislativo, -va *a.* legislative: **Poder Legislativo** Legislative Power

legumbres *f.* vegetables

lejos (de) *adv.* far (from), far off

lengua *f.* language

les *pers. pron. dat. masc. or fem. pl.* to them, to you: **Ud. les pasa los libros** you pass the books to them; **Ud. les dice algo** you tell (to) them something; **sírvase darles cuerda (a los relojes)** please wind them up (the clocks) (*See* le)

letra *f.* letter

levantarse to get up, to rise

ley *f.* law

leyendo (*ger. of* leer) reading

leyó (*See* leer)

libertad *f.* liberty: **la calle Libertad** Liberty street: **estatua de la Libertad** statue of Liberty

libra *f.* pound: **libra esterlina** pound sterling

librería *f.* bookstore

librero *m.* bookseller

librito *m.* (*dim. of* libro) little book

libro *m.* book: **libro en blanco** blank book

ligero, -ra *a.* unimportant; light (*not heavy*)

limitado, -da (*a. and p.p. of* limitar) limited

limonada *f.* lemonade

líquido, -da *a.* liquid

Lisboa Lisbon

lista *f.* list: **lista de precios** price-list

litro *m.* liter (*a little more than a quart*)

liviano, -na *a.* light (*not heavy*)

ll- *Words beginning with* ll *will be found after* luz

lo *def. art. neut. s.* the; **lo contrario** the opposite; **lo que** what, which. *Pers. pron. acc. masc.* him, it: **lo veo** I see him

(it); **yo no lo tengo** I have not it (*See* le, la, les, los)

local *a.* local

locomotora *f.* locomotive

Londres London

los *def. art. masc. pl.* the: **los caballeros** the gentlemen; **los libros** the books; *pers. pron. masc. pl. acc.*; **los veo** I see them; **los compré** I bought them. *In the dative case* les *must be used.* (*See* les)

lubricante *a.* lubricating

luego *adv.* presently, by-and-by: **hasta luego** good-bye, farewell for a while

lugar *m.* place, site

Luis *m.* Louis

Luisa *f.* Louise

luna *f.* moon

lunes *m.* Monday

luz *f.* light; *pl.* luces

Ll

llamar to call; to name; **llamarse** to be called *or* named: **me llamo** my name is; **¿cómo se llama Ud.?** what is your name (15/6)

llave *f.* key

llegar (a) to arrive (at, in), to reach, to attain (*a purpose*); (*past* llegué)

llevar to carry, to take

llover to rain (*pres.* llueve; *past* llovió)

llueve (*See* llover)

lluvia *f.* rain

M

madera *f.* wood: **de madera** wooden

madre *f.* mother

mal *a.* (*shortened form of* malo) bad, ill. *It is used only before masculine singular nouns:* mal estenógrafo bad stenographer (17/1); *adv.* badly

maleta *f.* valise

malo, -la *a.* bad, wrong (See mal)

manecilla *f.* hand (*of a clock or watch*)

manera *f.* manner, way

mano *f.* hand: mano derecha right hand

manteca *f.* butter (*in Spain*)

mantener to maintain, to have

mantenimiento *m.* maintenance

mantequilla *f.* butter (*in Spanish America*); pan con mantequilla bread and butter

manufacturar to manufacture

manzana *f.* apple

mañana *f.* morning; *adv.* to-morrow; pasado mañana the day after to-morrow; hasta mañana until to-morrow; mañana por la mañana to-morrow morning

máquina *f.* machine: máquina de escribir writing-machine, typewriter; máquina de calcular adding-machine; escribir a máquina to typewrite

maquinaria *f.* machinery

mar *m.* sea

marca *f.* mark, make

marcar to mark

marchar to go (*as a watch*)

María *f.* Mary.

marina *f.* navy

mármol *m.* marble

Marsella Marseilles

martes *m.* Tuesday

marzo *m.* March

más *adv.* more, most, plus; else; *m.* the sign + (plus); más importante more important; más alto que taller than, higher than; más o menos more or less; más de *or* más que more than; más de un millón more than a million (12/3); no tengo más que uno I have but one (12/4); nada más nothing else (17/5); me gusta más I like better (17/2)

mayo *m.* May

mayor *a.* larger, greater; el mayor the largest, the greatest; el mayor de la familia the eldest in the family; la mayor parte the majority, most (21/7)

mayúscula *a. and f.* capital letter

me *pers. pron.* me, myself; me es difícil it is difficult for me (17/5). *It is often used as an enclitic, as in* páseme (15/1)

medio, -dia *a.* half, mid, average: medio día midday; media noche midnight; son las dos y media it is half past two; temperatura media average temperature

medir to measure (*pres.* mido, mide)

Mediterráneo *m.* Mediterranean

Méjico *m.* (*Spanish spelling*) Mexico; México (*Mexican spelling*)

mejor *a.* (*comp. of* bueno) better; el mejor the best

mejorar to improve, to recover

melón *m.* melon

memoria *f.* memory; **de memoria** by heart

mención *f.* mention

mencionar to mention

menor *a.* (*comp. of* **pequeño**) smaller; **el menor** the smallest; **el hermano menor** the youngest brother

menos *adv.* less: **más o menos** more or less; **son las tres menos veinte** it is twenty to three (21/2)

mensual *a.* monthly

mensualmente *adv.* monthly

menudo: a menudo often

mercader *m.* merchant

mercado *m.* market

mercancía *f.* merchandise, goods, wares: **tren de mercancías** freight-train

mercantil *a.* mercantile, commercial

mercurio *m.* mercury

merecer to merit, to deserve; **no las merece** don't mention it

merendar to take a light meal

meridiano *m.* meridian: **antemeridiano** (A.M.) antemeridian, in the forenoon; **pasado meridiano** (P.M.) postmeridian, in the afternoon

merienda *f. light meal taken in the afternoon*

mes *m.* month

mesa *f.* table

metal *m.* metal

metálico, -ca *a.* metallic

metro *m.* meter

metrópoli *f.* metropolis

metropolitano, -na *a.* metropolitan

mi (*shortened form of* **mío**) my; **p.** **mis** my. *Both are used before nouns:* **mi libro, mi pluma, mis libros, mis plumas** (*See* **mío**)

mí *pers. pron.* me, myself; **pásemelo a mí** pass it to me (15/5)

mide (*See* **medir**)

mientras *adv.* while, whilst; **mientras más** the more: **mientras más practico más progreso** the more I practise the more I progress (26/3)

miércoles *m.* Wednesday

mil *a.* (one) thousand: **2000 dos mil; 3000 tres mil;** 100,000 **cien mil**

milla *f.* mile

millón *m.* million; **dos millones** two million

mina *f.* mine

mineral *a. and m.* mineral

mínimo, -ma *a.* (*super. of* **pequeño**) least, smallest

ministerio *m. each department of the government*, ministry, cabinet

ministro *m.* minister

minúscula *a. and f.* small letter (*not capital*)

minutero *m.* minute-hand

minuto *m.* minute

mío, mía, míos, mías *poss.* my, mine, of mine; **el mío, la(s) mía(s), los míos** mine. (*See* **mi**)

mirar to look at

mis (*See* **mi**)

mismo -ma *a.* same, self, itself; **lo mismo** the same, the same thing; **yo mismo** I myself; **Ud. mismo** you yourself; **él mismo** he himself (21/6); **ella**

misma she herself; nosotros mismos we ourselves; Uds. mismos you yourselves (21/6); ellos (ellas) mismos (mismas) they themselves

misterioso, -sa a. mysterious

mitad f. half, middle

mixto, -ta a. mixed: tren mixto mixed train

modesto, -ta a. modest

molestar to molest, to disturb, to trouble

molestia f. trouble

momento m. moment: en este momento at this moment

moneda f. coin

monetario, -ria a. monetary

montaña f. mountain

moreno, -na a. dark brown

morir to die (pres. ind. muero, muere; past murió; p.p. muerto)

mosquito m. mosquito

mostrar to show; to point out (pres. muestro, muestra)

mozo m. waiter, man-servant

muchísimo, -ma a. (super. of mucho) very much; pl. muchísimos, -mas very many

mucho, -cha a. much; muchos, -as many

mucho adv. much, a great deal

mueble m. piece of furniture; muebles furniture

muelle m. pier

muestra v. (See mostrar); f. sample

mujer f. woman, wife

multiplicado (p.p. of multiplicar) multiplied: multiplicado por multiplied by

multiplicar to multiply

mundo m. world

municipal a. municipal

municipalidad f. municipality

murió (See morir)

museo m. museum

mutual a. mutual

mutuo, -tua a. mutual

muy adv. very

N

nacer to be born: yo nací I was born

nacimiento m. birth

nacional a. national

nacionalidad f. nationality

nada naught, nothing: nada más nothing else; no hace nada he does not do anything; no hay nada there is nothing (13/2)

nadie indet. pron. nobody, no one; no hay nadie there is no one (13/2)

nariz f. nose

natal a. natal, native

natural a. natural

naturalmente adv. naturally

nave f. ship: nave de guerra warship

navegable a. navigable

Navidad f. Nativity, Christmas day

necesario, -ria a. necessary

necesidad f. necessity

necesitar to need, to want

negociación f. negotiation, business transaction

negocio m. business; encargado de negocios chargé d'affaires

negro, -gra a. black

nevar to snow (pres. nieva)

ni *conj.* neither, nor: **ni . . . . ni** (*or* **no . . . . ni**) neither. . . . nor; **no es verde ni roja** it is neither green nor red (1/5)

nieve *f.* snow

ningún (*shortened form of* **ninguno**) no one, not any. *It is used only before masculine sing. nouns:* **ningún libro** not any book, no book.

ninguno, -na *a. and indef. pron.* no, no one, not any; none, not one, nobody; **ninguna cosa** nothing

niño *m.* boy

níquel *m.* nickel

nitrato *m.* nitrate; **nitrato de soda** saltpeter

no *adv.* no, not: **no señor** no sir; **no bebo** I do not drink

noche *f.* night: **media noche** midnight; **buenas noches** good night; **esta noche** to-night; **de noche** at night (21/3)

nocturno, -na *a.* nightly; **tren nocturno** night train

nombrar to name

nombre *m.* name

norte *m.* north

norteamericano, -na *a.* North American

nos *pers. pron. pl. masc. and fem.* (to) us; *with reflexive verbs,* ourselves: **nos lavamos** we wash ourselves. *It is sometimes used as an enclitic.* (*See* me)

nosotros, -tras *pers. pron. masc. and fem. pl.* we; *after a prep.,* us: **con nosotros** with us

nota *f.* note

notable *a.* notable, remarkable

notario *m.* notary

noticia *f.* news

novecientos, -tas *a.* nine hundred

noveno, -na *a.* ninth

noventa *a.* ninety

noviembre *m.* November

nuestro, -tra *poss. s.;* **-tros, -tras** *pl. masc. and fem.* our, ours

nueve *a.* nine

nuevo, -va *a.* new: **¿qué hay de nuevo?** what is the news?; **no hay nada de nuevo** there is nothing new (13/1); **Nueva York** New York

número *m.* number

nunca *adv.* never

O

o *conj.* or

obedecer to obey

objeto *m.* object, purpose

observar to observe, to note, to notice; to obey

obtener to obtain

ocasión *f.* occasion

occidente *m.* west

océano *m.* ocean

octavo, -va *a.* eighth

octubre *m.* October

ocupado (*p.p. of* **ocupar**) occupied, busy

ochenta *a.* eighty

ocho *a.* eight: **a las ocho** at eight o'clock (18/6)

ochocientos, -tas *a.* eight hundred

oeste *m.* west

oficina *f.* office

ofrecer to offer; **ofrecerse** to wish: **¿se le ofrece a Ud. algo?** do you wish anything?, what can I do for you?

oigo (*See* oir)

oir to hear (*pres.* **oigo, oye**; *past* **él oyó**; *ger.* **oyendo**)

ojo *m.* eye

oliva *f.* olive

olor *m.* odor, smell

olvidar to forget

once *a.* eleven: **son las once** it is eleven o'clock; *m.* **las once** *a light meal originally taken between* 11 *and* 12, *and now generally in the afternoon*

onza *f.* ounce

ópera *f.* opera

oportunidad *f.* opportunity

opuesto, -ta *a.* opposite

oración *f.* oration, speech: **partes de la oración** parts of speech

orden *m.* order

ordinario, -ria *a.* ordinary

oreja *f.* ear

oriente *m.* orient, east

original *a.* original

oro *m.* gold

ortografía *f.* orthography

otoño *m.* Autumn

otro, -tra *a.* other, another

oye (*See* oir)

P

pacífico, -ca *a.* pacific

padre *m.* father: *pl.* **padres** parents

pagar to pay (*past* **pagué**)

página *f.* page

pago *m.* payment

país *m.* country

paja *f.* straw

palabra *f.* word

pálido, -da *a.* pale

pan *m.* bread

panadería *f.* baker's shop, bakery

panadero *m.* baker

panamericano, -na *a.* Pan American

pañuelo *m.* handkerchief

papel *m.* paper: **papel secante** blotting-paper

par *m.* pair: **un par de guantes** a pair of gloves ·

para *prep.* for, in order to, to: **partirá para Valparaíso** will leave for Valparaiso (23/5); **uno para Ud.** one for you (18/6)

parafina *f.* paraffin

paraguas *m. s. and pl.* umbrella: **un paraguas** an umbrella

pardo, -da *a.* brown

parecer to seem, to appear: **me parece** it seems to me

parecido, -da *a.* similar, like

pared *f.* wall: **reloj de pared** clock

parque *m.* park

párrafo *m.* paragraph

parte *f.* part

participio *m.* participle

particular *a.* private

particularmente *adv.* particularly

partida *f.* departure

partir to depart, to leave

pasado *m.* past tense (*preterit*); (*p.p. of* **pasar**) past, last: **pasado mañana** the day after to-morrow; **el año pasado** last year; **el 27 del pasado** the 27th of last month

pasaje *m.* passage, fare

pasajero *m.* passenger

pasaporte *m.* passport

pasar to pass, to spend

pascua *f. the church holidays Easter, Pentecost, and Christmas*

pásele (*imperat. of* **pasar**) pass him, pass her (15/3); **páselo** pass it (*See* le *and* lo)

páseles (*imperat. of* **pasar**) pass them (15/3) (*See* les)

páseme (*imperat. of* **pasar**) pass me; **pásemelo** pass it to me

pásenos (*imperat. of* **pasar**) pass us; **pásenoslas** pass them to us

páseselo pass it to him (*or* her)

patata *f.* potato (*in Spain*); (*in Spanish America* papa)

pedir to ask for, to beg, to request (*pres.* **pido, pide**; *past* **pedí, pidió**; *ger.* **pidiendo**)

Pedro *m.* Peter

pegar to stick

pena *f.* pain; trouble: **vale la pena** it is worth while (27/3)

península *f.* peninsula

pensamiento *m.* pansy

pensar to think, to intend

penúltimo, -ma *a.* penultimate, last but one

peor *a.* (*comp. of* **malo**) worse

pequeño, -ña *a.* small, little

pera *f.* pear

perder to lose (*pres.* **pierdo, pierde**)

perdonar to pardon

perfectamente *adv.* perfectly

perfecto, -ta *a.* perfect

periódico *m.* periodical, newspaper

permanecer to stay, to remain

permanentemente *adv.* permanently

permitir to permit, to allow: **permítame** allow me; **permítame sus cartas** let me have your letters (30/2); **me permito** I take the liberty (26/4)

pero *conj.* but

persona *f.* person

personalmente *adv.* personally

pesado, -da *a.* heavy

pesar to weigh

peseta *f. Spanish monetary unit*

peso *m. monetary unit of several Spanish-American countries;* weight

petróleo *m.* petroleum

piano *m.* piano

pide (*See* **pedir**)

pie *m.* foot; **de pie** standing; **a pie** on foot

piedra *f.* stone: **piedra preciosa** precious stone

piel *f.* fur

pierdo (*See* **perder**)

pierna *f.* leg

piso *m.* story, floor

pizarra *f.* blackboard

placer *m.* pleasure

planeta *m.* planet

plata *f.* silver

platino *m.* platinum

plato *m.* plate

plenipotenciario, -ria *a.* plenipotentiary

plomo *m.* lead

pluma *f.* pen; **pluma-tintero** fountain-pen

población *f.* population

poco, -ca *a.* little: **poco más o menos** little more or less, about; *pl.* **pocos, -cas** few

poder can *or* may, to be able (*pres.* **puedo, puede**; *past* **pude,**

pudo; *fut.* podré, podrá; *subj.* pueda; *ger.* pudiendo)

poder *m.* power: **Poder Ejecutivo** Executive Power; **Poder Judicial** Judicial Power; **Poder Legislativo** Legislative Power

podré (*See* **poder**)

policía *f.* police

político, -ca *a.* political

poner to put, to place (*pres.* **pongo, pone**; *past* **puse, puso**; *fut.* **pondré**; *p.p.* **puesto**); **ponerse** to put on, to set: **el sol se pone** the sun sets

por *prep.* by, through, in, for, on, per: **por libra** by the pound; **por tonelada** by the ton (27/4); **por la ventanilla** through the small window (29/1); **pasar por la aduana** to pass through the Custom House (29/3); **por la tarde** in the afternoon (28/2); **trabaja por cuenta propia** he works for his own account (27/3); **multiplicado por** multiplied by; **hablar por teléfono** to speak by telephone; **por ejemplo** for instance; **por el contrario** on the contrary (25/1); **por lo tanto** therefore (25/3); **por semana** per week, by the week (25/5); **pagué por él** I paid for it (23/3); **tres por tres** three times three

porción *f.* portion

porque *conj.* because

¿por qué? why?

portero *m.* porter

portugués, -guesa *a., m. and f.* Portuguese

posibilidad *f.* possibility

posible *a.* possible

postal *a.* postal

potestad *f.* power

práctica *f.* practice

practicar to practise

precio *m.* price: **lista de precios** price-list; **precio fijo** fixed price

precioso, -sa *a.* precious

preferir to prefer (*pres.* **prefiero, prefiere**; *past* **él prefirió**)

pregunta *f.* question

preguntar to ask: **preguntar por** to inquire about (after)

preparar to prepare

preposición *f.* preposition

presentar to introduce; to present

presente *a.* present; *m.* present tense

presidente *m.* president

presión *f.* pressure

prestar to lend; **prestar atención** to pay attention

primavera *f.* Spring

primer *a.* (*shortened form of* **primero**) first; *used before masculine sing. nouns*: **el primer lunes de septiembre** the first Monday in September (20/6)

primero, -ra *a.* first: **primero de octubre** 1st of October

princesa *f.* princess

principal *a.* principal

principalmente *adv.* principally, chiefly

principiante *m.* beginner, apprentice

principio *m.* beginning: **al principio** at the beginning

prisa *f.* hurry; **de prisa** quickly; **a prisa** quickly

problema *m.* problem

producto *m.* product

profesor, -ra *m. and f.* teacher, professor

progresar to progress

promover to promote, to further

pronombre *m.* pronoun

pronto *adv.* soon

pronunciación *f.* pronunciation

pronunciar to pronounce

propina *f.* tip, gratuity

propio, -ia *a.* proper, private; one's own; **por cuenta propia** for his own account (27/3)

proteger to protect

provincia *f.* province

próximo, -ma *a.* next

publicar to publish

público, -ca *a.* public; *m.* the public

pudo, pudimos (*See* **poder**)

puedo, pueda (*See* **poder**)

puente *m.* bridge: **puente colgante** suspension bridge

puerta *f.* door

puerto *m.* port

pues *conj.* therefore, because, for

punto *m.* point: **punto y coma** semicolon; **dos puntos** colon; **en punto** sharp: **son las dos en punto** it is two o'clock sharp

puntual *a.* punctual

puso (*See* **poner**)

Q

que *rel. pron.* that, who (whom), which; **los libros que hay sobre la mesa** the books that are on the table (11/1); **¿dónde está el hombre que no quiere trabajar?** where is the man who does not want to work? (13/6); **lo que** what, that which; **el que, la(s) que** (*See* **el, la, las**)

que *conj.* that, than: **más alto que** higher (*or* taller) than; **tener que** to have to, must: **no tiene nada que hacer** he has nothing to do (13/1)

¿qué? what?, which?: **¿de qué color es?** (of) what color is it?; **¿qué es esto?** what is this?; **¿por qué?** why?

quedar to stay, to remain

querer to want, to desire, to wish (*pres.* **quiero, quiere;** *past* **quise, quiso;** *fut.* **querré;** *subj.* **quiera**)

quien *pron. rel.* (*pl.* **quienes**) who, he who, whom; **¿de quién? ¿de quiénes?** whose?

quiera, quiere (*See* **querer**)

quiero (*See* **querer**)

químico, -ca *a.* chemical

quince *a.* fifteen

quinientos, -tas *a.* five hundred

quinto, -ta *a.* fifth

quizá *adv.* perhaps

R

rango *m.* rank

raramente *adv.* rarely, seldom

raro, -ra *a.* rare: **rara vez** seldom

rato *m.* moment, short space of time: **hace poço rato** a short while ago (26/3)

razón *f.* reason; justice; right; **tener razón** to be right: **Ud. tiene razón** you are right; **con razón** justly

recibir to receive

recibo *m.* receipt

recomendable a. commendable

referencia f. reference

reformar to reform

regidor m. alderman, councilman

regla f. ruler

regresar to return

regular a. regular

relación f. relation

relativamente adv. relatively

reloj m. clock, watch: reloj de bolsillo watch; reloj de pared clock

relojería f. watchmaker's shop

relojero m. watchmaker, clock-maker

remitir to remit

repasar to review

repetir to repeat (pres. repito; past repetí; ger. repitiendo)

representante m. or f. represen-tative: Cámara de Represen-tantes House of Representa-tives

república f. republic

resfriarse to catch cold

resguardar to protect

residir to reside

respecto m. relation, respect: respecto a as regards, concern-ing

responder to reply, to answer

respuesta f. reply, answer

restaurant m. restaurant

retirar to withdraw

rico, -ca a. rich, wealthy

río m. river

rodeado surrounded

rojizo, -za a. reddish

rojo, -ja a. red

Roma Rome

romper to break, to tear

roqueño, -ña a. rocky: Mon-tañas Roqueñas Rocky Moun-tains

rosa f. rose

rosado, -da a. pink, rose

rosbif m. roast beef

S

sábado m. Saturday

saber to know (pres. sé; past supe, supo; fut. sabré.)

sal f. salt

sala f. hall: sala de clase class-room

saldré (See salir)

salgo (See salir)

salir to go out; to depart, to leave; to rise (pres. salgo, sale; fut. saldré, saldrá): el sol sale the sun rises

salud f. health

saludar to greet

saludo m. greeting

san a. (shortened form of santo) saint; used before a name of the masculine gender; San Patricio St. Patrick

se pron. 3rd pers. s. or pl. masc. or fem. It has the following dif-ferent uses:

a. It is used as a reflexive pro-noun and stands for (to) himself, (to) herself, (to) itself, (to) themselves: ella se lava she washes herself; ellos se afeitan they shave themselves

b. In the formation of reflex-ive and intransitive verbs. In the infinitive mood it is al-ways used as an enclitic:

lavarse to wash oneself; **quebrarse** to break. *In the other moods it can also be used as a suffix, but is more generally used before the verb:* **ella se miró en el espejo** (*or* **miróse en el espejo**) she looked at herself in the looking-glass; **el plato se quebró** (*or* **quebróse**) the plate broke

c. *For the sake of euphony* **se** *is used instead of* **le** *and* **les** *when followed by any of the pronouns* **lo, la, los, las:** **Ud. se lo pasa** (*instead of* **Ud. le lo pasa**) you pass it to him (*See page* 45); **Ud. se las pasa** (*instead of* **Ud. le las pasa**) you pass them to him (*or* to her, to them)

d. *In the following cases* **se** *is used as an indefinite subject:* **no se comprende** no one understands; **se dice** it is said

sé I know (*See* **saber**)

sea (*See* **ser**)

secretario *m.* **secretaria** *f.* secretary: **Secretario de Estado** Secretary of State

sed *f.* thirst: **tener sed** to be thirsty: **tengo sed** I am thirsty

seguir to follow (*pres.* **sigo, sigue**; *past* **seguí, siguió**; *subj. and imperat.* **siga**; *ger.* **siguiendo**)

según *adv.* according to

segundo, -da *a.* second; *m.* second

seguramente *adv.* surely

seguridad *f.* safety

seguro, -ra *a.* safe, sure: *m.* in-surance; **Compañía de Seguros** Insurance Company; **seguro servidor** faithful servant (*See page* 93)

seis *a.* six: **a las seis** at six o'clock

seiscientos, -tas *a.* six hundred

sello *m.* stamp

semana *f.* week: **la semana pasada** last week

semejante *a.* similar, like

semestre *m.* semester (*space of six months*)

Senado *m.* Senate

sencillamente *adv.* simply

sentado, -da (*p.p. of* **sentar**): **estoy sentado** I am seated, I am sitting

sentarse to sit down (*pres.* **me siento, se sienta**)

sentencia *f.* sentence

sentir to be sorry (*pres.* **siento**; *past* **sintió**): **siento mucho** I am very sorry (17/3)

sentirse to feel: **me siento muy bien** I feel very well (26/2)

señal *f.* signal

señalar to point out

señor *m.* sir, Mr., gentleman; **sí, señor** yes, sir; **señor Mora** Mr. Mora (*when speaking to him*); **el señor Mora** Mr. Mora (*when speaking of him*); **muy señor mío** my dear sir

señora *f.* lady, madam, wife, Mrs.; **no, señora** no, madam; **señora Prado** Mrs. Prado (*when speaking to her*); **la señora Prado** Mrs. Prado (*when speaking of her*)

señorita (*dim. of* **señora**) young

lady, Miss. (*For use, see* señor *and* señora)

separar to separate

septiembre (*or* setiembre) *m.* September

séptimo, -ma (*or* sétimo, -ma) *a.* seventh

ser to be (*pres.* soy, es, somos, son; *past* fuí, fué, fuimos, fueron; *imp.* era; *fut.* seré, será; *subj.* sea; *ger.* siendo; *p.p.* sido)

será (*See* ser)

serio, -ria *a.* serious

servicio *m.* service

servidor *m.* servant; *one who politely tenders his services to another*

servir to serve; to be useful *or* fit for (*pres.* sirvo, sirve; *past* serví, sirvió; *imperat.* sirva; *ger.* sirviendo): para servir a Ud. at your service; ¿en qué puedo servirle? what can I do for you?; servirse to please: sírvase (Ud.) please

sesenta *a.* sixty

setecientos, -tas *a.* seven hundred

setenta *a.* seventy

sexto, -ta *a.* sixth

si *conj.* if

sí *adv.* yes; un día sí y otro no every other day

siempre *adv.* always

siento (*See* sentir *and* sentirse)

siete *a.* seven: a las siete at seven o'clock

siga (*See* seguir)

siglo *m.* century

significado *m.* signification

significar to signify, to mean

signo *m.* sign, mark: signo de interrogación interrogation mark; signo de admiración exclamation mark

siguiente *a.* following

sílaba *f.* syllable

silla *f.* chair

simplemente *adv.* simply

sin *prep.* without; sin embargo nevertheless, however; sin igual not to be equaled

sinnúmero *m.* numberless quantity

sino *conj.* but

sírvase (*imperative of* servirse). *Before an infinitive* sírvase *corresponds to* please (*lessons* 17 *and* 18) (*See* servir)

sirve (*See* servir)

sistema *m.* system

situación *f.* situation, location

situado, -da *a.* (*p.p. of* situar) situated

sobrante *m.* surplus

sobre *prep.* on, upon, over: sobre la mesa on the table

sobre *m.* envelope

sociedad *f.* society, company, partnership

socio *m.* partner

soda *f.* soda

sofá *m.* sofa

sol *m.* sun

solamente *adv.* only

sólo *adv.* only

soltero, -ra *a.* single, unmarried

sombrerería *f.* hatter's shop

sombrerero *m.* hatter, hat-maker

sombrero *m.* hat

son *v.* are (*See* ser)

sopa *f.* soup

sorprender to surprise, to astonish

sostener to sustain, to maintain, keep up (*pres.* sostengo, sostiene; *past* sostuve, sostuvo; *fut.* sostendré)

soy (*See* ser)

Sr. (*abbreviated form of* señor) Mr.

Sres. (*abbreviated form of* señores) Messrs.

S.S. = seguro servidor your sure (faithful) servant, yours truly

su *poss.* (*shortened form of* suyo) *masc. and fem. s.* (*pl.* sus) his, her, its, your, their. *Both are used only before nouns or adjectives. When the context does not clearly point out the person the pronoun refers to, the complements* de él, de ella, de Ud., de Uds., de ellos *or* de ellas *must be added to avoid confusion.* (*See* suyo)

subir to rise, to ascend

substantivo *m.* substantive, noun

subterráneo, -nea *a.* underground: ferrocarril subterráneo underground railroad, subway

sud *m.* south

sudamericano, -na *a.* South American

sueldo *m.* salary, wages

suelo *m.* floor, ground

sueño *m.* sleep: tener sueño to be sleepy; tengo sueño I am sleepy

suficiente *adv.* sufficient

Suiza *f.* Switzerland

suma *f.* sum, amount

sumamente *adv.* extremely

superior *a.* superior

suponer to suppose

supongamos let us suppose

supremo, -ma *a.* supreme: Corte Suprema Supreme Court

sur *m.* south

sus (*See* su)

suyo, -ya *poss. masc. and fem.* (*pl.* suyos suyas) his, her, your, their, of his, of hers, *etc.*; el suyo, la(s) suya(s), los suyos yours, his, hers, theirs; suyo (-ya, -yos, -yas) de Ud. your; suyo (-ya, -yos, -yas) de él his; suyo (-ya, -yos, -yas) de ella her; suyo (-ya, -yos, -yas) de ellos (ellas) their. (*See* su)

T

tabaco *m.* tobacco

tabla *f.* table

tal such; tal vez perhaps

tamaño *m.* size

también *adv.* also, too

tampoco *adv.* neither, nor . . . either

tan *adv.* (*shortened form of* tanto) as, so; tan + *adj.* + como = as + *adj.* + as; tan grande como as large as; no es tan alta como is not so tall as

tanto, -ta *a.* so much, as much; *pl.* so many, as many; por lo tanto therefore

tapa *f.* cover

taquigráfico, -ca *a.* stenographic

tarde *f.* afternoon: buenas tardes good afternoon; *adv.* late

tarjeta *f.* card

taza *f.* cup

te *m.* tea

teatro *m.* theater

tela *f.* cloth

teléfono *m.* telephone

telegrafiar to telegraph

telégrafo *m.* telegraph

telegrama *m.* telegram

temperatura *f.* temperature: temperatura media average temperature

temprano, -na *a.* early; *adv.* prematurely, soon

ténder *m.* tender

tendré (*See* tener).

tener to have, to possess (*pres.* tengo, tiene; *past* tuve, tuvo; *imp.* tenía; *fut.* tendré, tendrá; *subj. and imperat.* tenga); tener que to have to, to be obliged to; tengo veinte años I am 20 years of age; tener calor to be warm; tener frío to be cold; tener razón to be right; tener sueño to be sleepy; tener sed to be thirsty; tener hambre to be hungry; ¿qué tiene (ella)? what is the matter with her? (26/2); ¿qué ancho tiene esta tela? how wide is this cloth? (27/5)

tenga (*subj. and imperat. of* tener): tenga la bondad have the kindness, please

tengo (*See* tener)

tenía (*imperf. of* tener) had *or* used to have

tenor *m.* tenor

tercer *a.* (*shortened form of* tercero) third. *It is used only before masc. nouns*

tercero, -ra *a.* third

terminar to end

termómetro *m.* thermometer

territorio *m.* territory

Tesorería *f.* Treasury; Sub Tesorería Sub-Treasury

tesoro *m.* treasure, Treasury

tetera *f.* tea-kettle, tea-pot

tiempo *m.* time: a tiempo in time (21/7); mucho tiempo a long time (26/2); weather: hace mal (buen) tiempo it is bad (good) weather (24/3)

tienda *f.* shop

tiene (*See* tener)

tierra *f.* land

tijeras *f.* scissors

tinta *f.* ink

tintero *m.* inkstand, ink-well

titular to entitle

tiza *f.* chalk

todavía *adv.* yet

todo, -da all, every, entire; everything, all

toma (*See* tomar)

tomar to take: (yo tomo I take; Ud. toma you take; él toma he takes; ella toma she takes)

tomo (*See* tomar)

tomate *m.* tomato

tonelada *f.* ton

trabajador, -ra *a.* painstaking, laborious

trabajar to work

trabajo *m.* work, labor

traducir to translate (*pres.* traduzco; *past* traduje)

traer to bring, to fetch (*pres.* traigo; *past* traje, trajo)

tráfico *m.* traffic

traje *m.* dress, clothes

trajo (*See* traer)

transacción *f.* transaction

transatlántico, -ca *a.* transatlantic; *m. large steamer that crosses the Atlantic Ocean*

transporte *m.* transportation

tranvía *m.* tramway, street-car

trece *a.* thirteen

treinta *a.* thirty

tren *m.* train: **tren elevado** elevated train; **tren expreso** express-train; **tren correo** mail-train; **tren directo** through train; **tren especial** special train; **tren mixto** mixed train; **tren de mercancías** freight-train; **tren ordinario** local train

tres *a.* three: **a las tres** at three o'clock; **el tres de julio** the third of July

trescientos, -tas *a.* three hundred

tribunal *m.* tribunal, court: **tribunal de justicia** court of justice

trigo *m.* wheat

trimestre *m.* quarter, trimester

túnel *m.* tunnel

tuve (*See* **tener**)

U

u *conj.* or. *Used instead of* o *for the sake of euphony before words beginning with* o *or* ho; **billetes u oro** bills or gold (17/5); **este u oriente** (24/1)

Ud., Uds. (*See* **usted**)

últimamente *adv.* recently

último, -ma *a.* last, latest; latter; **este último** the latter

un *masc.*, **una** *fem. indef. art.* a, an: **una señora** a lady; **una mesa** a table; **un tintero** an

inkstand; **un caballero** a gentleman. (*See* **uno**)

una (*See* **uno**)

undécimo, -ma *a.* eleventh

unidad *f.* unit

unión *f.* union: **Unión Panamericana** Pan American Union

universidad *f.* university

uno, una one: **tiene uno** he has one (10/5); *pl.* **unos, unas** some, a few: **unos pocos** (13/2), **unas cuantas** a few

urgente *a.* urgent

usar to use

usted *pers. pron. masc. and fem.* you (*pl.* **ustedes**); *in abbreviated form* **usted** *is written* **Ud.**, *and* **ustedes, Uds.**; **Ud. mismo** you yourself; **Uds. mismos** you yourselves; **de Ud.** your

útil *a.* useful

uva *f.* grape

V

vagón *m.* wagon, passenger-car: **vagón-restaurant** dining-car

vainilla *f.* vanilla

valer to be worth; **vale $7,00** it is worth $7.00; **vale la pena** it is worth the trouble, it is worth while

valor *m.* value

vamos we go (*See* **ir**)

vapor *m.* steamer

variedad *f.* variety

vario, -ria *a.* various, different; *pl.* several

vaso *m.* glass, tumbler

veces (*See* **vez**)

vegetación *f.* vegetation

veinte *a.* twenty

veinticinco *a.* twenty-five

veinticuatro *a.* twenty-four

veintidós *a.* twenty-two

veintinueve *a.* twenty-nine

veintiocho *a.* twenty-eight

veintiséis *a.* twenty-six

veintisiete *a.* twenty-seven

veintitrés *a.* twenty-three

veintiún *a.* (*shortened form of* **veintiuno**) twenty-one. *Used only before nouns*

vela *f.* sail: **buque de vela** sailing-vessel

vender to sell

vendrá, vendré (*See* **venir**)

Venecia Venice

venga (*See* **venir**)

venir to come (*pres.* **vengo, viene;** *past* **vine, vino;** *fut.* **vendré, vendrá;** *imperat. and subj.* **venga;** *ger.* **viniendo**); to fit: **este par me viene perfectamente** this pair fits me perfectly (27/2)

ventana *f.* window

ventanilla *f.* (*dim. of* **ventana**) small window

veo (*See* **ver**)

ver to see (*pres.* **veo, ve;** *past* **vi, vió;** *p.p.* **visto;** *ger.* **viendo**)

verano *m.* Summer

verbo *m.* verb

verdad *f.* truth: **es verdad** it is true

verde *a.* green

vestirse (*pres.* **me visto;** *past* **me vestí**) to dress oneself

vez *f.* time: **una vez** once; *pl.* **veces: dos veces** twice: **tres veces tres** 3 times 3; **algunas**

veces sometimes; **a veces** sometimes; **rara vez** rarely; **tal vez** perhaps

viajar to travel, to voyage

viaje *m.* trip, voyage, travel

viajero *m.* traveller

vicepresidente *m.* Vice-President

vidrio *m.* glass

viejo, -ja *a.* old

viene (*See* **venir**)

viernes *m.* Friday

vigilar to watch over

vinagre *m.* vinegar

vino *m.* wine

vino (*See* **venir**)

violeta *f.* violet

visita *f.* visit

visitar to visit

vista *f.* sight; meeting: **hasta la vista** until we meet again, good-bye

visto (*See* **vestir** *and* **ver**)

viudo *m.* widower

vivir to live

vivo, -va *a.* alive

vocal *f.* vowel

volver to return (*pres.* **vuelvo, vuelve**). *When followed by a and an infinitive it expresses repetition:* **volver a tener el placer** to have again the pleasure (26/4)

voy (*See* **ver**)

voz *f.* voice

vuelta *f.* change (*surplus money to be returned in dealing*); return: **billete de ida y vuelta** return-ticket

vuelve (*See* **volver**)

Y

y *conj.* and (*See* e)
ya *adv.* already
yarda *f.* yard
yo *pers. pron.* I: yo mismo I myself

Z

zapatería *f.* shoemaker's shop
zapatero *m.* shoemaker
zapato *m.* shoe
zoológico, -ca *a.* zoological: Jardín
   Zoológico Zoological Garden

GENERAL INDEX

(Unless otherwise stated, the numbers indicate the lessons, not the pages)

INDEX OF VERBS

(Unless otherwise indicated, the numbers refer to the lessons, not to the pages)

CPSIA information can be obtained
at www.ICGtesting.com
Printed in the USA
BVHW04*1212060818
523683BV00013B/467/P